자기 주도 공부가 시작되는
초등 매일 습관 익힘책

이은경 지음

저학년용

🔲 다락원

습관 익히기, 오늘부터 시작!

우리 친구들은 밥을 먹고 글씨를 쓸 때 어느 쪽 손으로 하고 있나요?
또, 아침에 일어나면 가장 먼저 하는 일은 무엇인가요?
양치질할 때는 어느 쪽부터 닦기 시작하나요? 왼쪽? 오른쪽?
일기는 매일 몇 시쯤 쓰고, 보통 몇 줄 정도 쓰고 있나요? 기억할 수 있나요?

여러분의 매일 습관이 궁금해요!
습관에 관한 이야기를 시작하려고 하면 많은 친구가 시시하다는 표정을 짓곤 하죠.
"에이, 선생님. 습관 같은 건 필요 없어요. 그런 건 시시해요."라고 큰소리치면서 말이죠.

하지만 모르는 소리!
꿈에 가까이 닿을 수 있는 분명하고 확실한 열쇠가 바로 습관이에요.
습관이라는 멋진 친구의 도움으로 내 꿈에 성큼 다가가게 될 거예요.
진짜예요. 두고 보세요!

오늘부터 매일 한 쪽씩, 나의 습관을 기록하면서 멋진 습관을 만들어 볼 거예요.
정말 기대되지 않나요?

'언젠가 하긴 해야지.'라고 미루지 마세요.
바로 지금, 이 습관 익힘책과 함께 시작해 보세요!

멋진 습관을 만들어 갈 나를 소개해 주세요.

나는 이런 사람입니다!

오늘부터 멋진 습관을 차곡차곡 만들어 갈 나는

- 이름 :
- 별명 :
- 학교 :
- 학년 :
- 습관 만들기 시작일 :
- 나의 각오 :

차례

1. 첫째 달
- 첫째 주 • 13
- 둘째 주 • 21
- 셋째 주 • 29
- 넷째 주 • 37
- 다섯째 주 • 45

2. 둘째 달
- 첫째 주 • 57
- 둘째 주 • 65
- 셋째 주 • 73
- 넷째 주 • 81
- 다섯째 주 • 89

3. 셋째 달

첫째 주 • 101
둘째 주 • 109
셋째 주 • 117
넷째 주 • 125
다섯째 주 • 133

4. 마지막 달

첫째 주 • 145
둘째 주 • 153
셋째 주 • 161
넷째 주 • 169
다섯째 주 • 177

스티커판 • 185
쿠폰북 • 190

* 스티커는 책의 맨 뒷부분에 있어요!

이 책은 이렇게 사용해 보세요!

1. 월간, 주간 계획을 세워요!

월간 달력
다이어리 꾸미듯 이번 달 달력을 꾸며 보아요! 날짜와 일정을 쓰고, 스티커와 색연필 등으로 예쁘게 꾸며요.

이번 달 목표 습관
이번 달에 도전할 다섯 가지 멋진 습관을 계획해 보아요! 한 달이 지나면, 잘 지켰는지 체크해요!

이번 주 중요한 일
이번 주에는 어떤 멋진 일을 할 건가요? 친구들과 놀러 가나요? 엄마와 서점에 가나요? 일정을 표시하여 한 주가 지나고 잘 지켰는지 체크해 보세요!

이 책은 이렇게 사용해 보세요!

2. 매일 활동을 해 보아요!

이제부터 우리는 습관을 익히기 위해 매일 매일 색다른 활동을 해 볼 거예요.
모두 준비 되었나요?

공부 습관
매일 어떤 과목을, 얼마큼 어떻게 공부할지 계획해 보아요. 다 지켰다면 체크 표시를 해요!

독서 습관
매일 조금씩 책 읽는 습관을 들여 봐요. 내가 무슨 책을 몇 분 혹은 몇 시간 동안 몇 쪽 읽었는지 적고, 가장 재미있었던 책 속 한 줄을 찾아 써 봐요.

쓰기 습관
여러분에 대해 알려 주세요! 앞뒤 문장을 잘 읽고, 빈칸에 여러분의 생각과 마음을 써 주세요.

마음 습관
세상에서 제일 중요한 건 나의 마음이에요. 오늘 내가 잘한 일을 칭찬하고, 고마운 사람에게 감사를 표현해 보아요.

생활 습관
우리 모두 바른 생활 어린이가 되어야겠지요? 오늘 부모님께 인사는 했는지, 집을 정리했는지, 건강을 위해 운동했는지, 스스로 정한 스마트폰이나 컴퓨터 시간을 지켰는지 점검해 보아요.

점검
하루가 끝나면 습관을 잘 지켰는지 체크해 보는 시간을 가져 보아요. 나중에 선물 상자 스티커를 받을 때 중요한 부분이니 정확히, 꼼꼼히 체크하세요!

이 책은 이렇게 사용해 보세요!

3. 주말 미션!

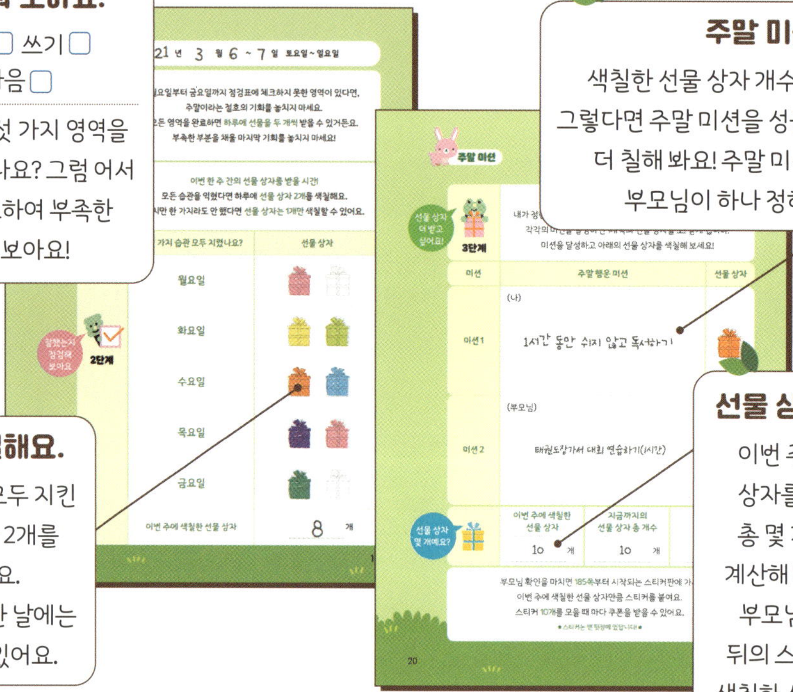

점검표를 채워 보아요.
공부☐ 독서☐ 쓰기☐
생활☐ 마음☐

이번 주에 혹시 다섯 가지 영역을 다 못 채운 날이 있나요? 그럼 어서 모든 영역을 완료하여 부족한 부분을 채워 보아요!

주말 미션!
색칠한 선물 상자 개수가 아쉬운가요? 그렇다면 주말 미션을 성공하여 선물 상자를 더 칠해 봐요! 주말 미션은 내가 하나, 부모님이 하나 정하는 거예요.

선물 상자를 칠해요.
다섯 가지 습관을 모두 지킨 날에는 선물 상자 2개를 칠할 수 있어요.
대신 하나라도 못 한 날에는 1개만 색칠할 수 있어요.

선물 상자 몇 개예요?
이번 주에 색칠한 선물 상자를 세고, 지금까지 총 몇 개 색칠했는지도 계산해 봐요. 잘 세었는지 부모님께 확인받으면, 뒤의 스티커판에 이번 주 색칠한 선물 개수만큼 선물 스티커를 붙일 수 있어요!

4. 스티커! 그리고 쿠폰!

스티커판에 스티커를 10개 모으면 쿠폰을 받을 수 있어요. 1장, 2장, 3장 그리고 어떤 때는 5장까지 받을 수 있지요! 쿠폰의 종류에는 세 가지가 있어요. 하고 싶어요 쿠폰, 내 맘대로 쇼핑하기 쿠폰, 데이트&스크린 타임 쿠폰까지! 내가 가지고 싶은 쿠폰을 골라도 되고, 재미있게 제비뽑기로 뽑아도 좋아요! 원하는 대로 쿠폰을 받아 마음껏 써 보세요!

스티커
쿠폰
스티커판

몇 월인가요?

몇 월인가요?

일요일　　　월요일　　　화요일

이번 달 일정

| 수요일 | 목요일 | 금요일 | 토요일 |

이번 달의 목표 습관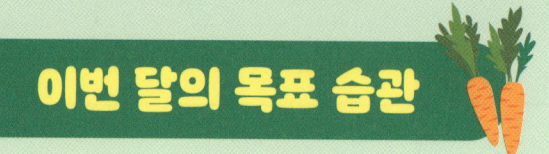

'습관 익힘책'과 함께 습관을 만들어 가는 이번 달, 꼭 만들고 싶은 습관이 있나요?
마음속으로만 생각하지 말고 하나씩 꺼내어 적어 보세요.
도전해 보자고요!
그리고 큰 소리로 읽어 보세요. 반드시 이루어 낼 수 있을 거예요.

_____월에 도전할 다섯 가지 멋진 습관

종류	어떤 습관인가요?	지켰나요?
공부		✓
독서		✓
쓰기		✓
생활		✓
마음		✓

이번 주의 중요한 일

이번 한 주 동안 기억해야 할 중요한 일정이 있나요?
혹은 반드시 해야 할 숙제, 공부, 독서가 있나요?
또, 가족이나 친구와 한 약속이 있나요?
기록해 두고 기억하면서 실천으로 옮겨 보아요.

첫째 주

_____ 월 _____ 일 ~ _____ 월 _____ 일

요일	어떤 일정인가요?	지켰나요?
월		✓
화		✓
수		✓
목		✓
금		✓
토		✓
일		✓

매일 활동   오늘은   년   월   일   요일입니다.

공부

과목	오늘, 무엇을 공부해 볼까요?	✓

독서

책 제목은요?	
얼마나 읽었나요?	🔖 (쪽) 🕐 (분/시간)
가장 재미있는 책 속 한 줄 찾아 써 봐요	

쓰기

즐겁게 글쓰기 도전!	올해 생일날, 가장 받고 싶은 선물은 바로 _____ 입니다.

생활

인사했나요?	기상 ☐ 등교 ☐ 식사 ☐ 하교 ☐ 잠자리 ☐		
스스로 했어요!	정리	방 ☐ 책상 ☐ 옷 ☐ 신발 ☐	
	운동	종목 _____	🕐 (분/시간)
지켰어요!	스마트폰 ____ 분 ☐		컴퓨터 ____ 분 ☐

마음

나를 칭찬해요!	
정말 감사해요!	
점검	공부 ☐ 독서 ☐ 쓰기 ☐ 생활 ☐ 마음 ☐

매일 활동

오늘은　　　년　　　월　　　일　　　요일입니다.

공부

과목	오늘, 무엇을 공부해 볼까요?	✓

독서

책 제목은요?	
얼마나 읽었나요?	🔖 (　　　쪽)　　🕐 (　　　분/시간)
가장 재미있는 책 속 한 줄 찾아 써 봐요	

쓰기

즐겁게 글쓰기 도전!	지금 가장 보고 싶은 사람은 _____ 랍니다.

생활

인사했나요?	기상 ☐　등교 ☐　식사 ☐　하교 ☐　잠자리 ☐			
스스로 했어요!	정리	방 ☐　책상 ☐　옷 ☐　신발 ☐		
	운동	종목 _____	🕐 (　　　분/시간)	
지켰어요!	스마트폰 _____ 분 ☐		컴퓨터 _____ 분 ☐	

마음

나를 칭찬해요!	
정말 감사해요!	
점검	공부 ☐　독서 ☐　쓰기 ☐　생활 ☐　마음 ☐

15

매일 활동

오늘은　　　년　　　월　　　일　　　요일입니다.

공부

과목	오늘, 무엇을 공부해 볼까요?	✓

독서

책 제목은요?	
얼마나 읽었나요?	🔖 (　　　쪽)　🕐 (　　　분/시간)
가장 재미있는 책 속 한 줄 찾아 써 봐요	

쓰기

즐겁게 글쓰기 도전!	백만 원이 생긴다면 그 돈으로 _____ 를 하고 싶어요.

생활

인사했나요?	기상 ☐　등교 ☐　식사 ☐　하교 ☐　잠자리 ☐
스스로 했어요!	정리　　방 ☐　책상 ☐　옷 ☐　신발 ☐
	운동　종목 _____　🕐 (　　분/시간)
지켰어요!	스마트폰 ____ 분 ☐　　컴퓨터 ____ 분 ☐

마음

나를 칭찬해요!	
정말 감사해요!	
점검	공부 ☐　독서 ☐　쓰기 ☐　생활 ☐　마음 ☐

 **매일 활동** 　오늘은　　년　　월　　일　　요일입니다.

	과목	오늘, 무엇을 공부해 볼까요?	✓
공부			

 **독서**

책 제목은요?	
얼마나 읽었나요?	(　　쪽)　　 (　　분/시간)
가장 재미있는 책 속 한 줄 찾아 써 봐요	

 **쓰기**

즐겁게 글쓰기 도전!	방학이 되면 꼭 하고 싶은 특별한 일이 있는데요, _____ 입니다.

 **생활**

인사했나요?	기상 ☐　등교 ☐　식사 ☐　하교 ☐　잠자리 ☐		
스스로 했어요!	정리	방 ☐　책상 ☐　옷 ☐　신발 ☐	
	운동	종목 _____	(　　분/시간)
지켰어요!	스마트폰 ____ 분 ☐		컴퓨터 ____ 분 ☐

 **마음**

나를 칭찬해요!	
정말 감사해요!	
점검	공부 ☐　독서 ☐　쓰기 ☐　생활 ☐　마음 ☐

매일 활동 오늘은 　　년 　　월 　　일 　　요일입니다.

공부
과목	오늘, 무엇을 공부해 볼까요?	✓

독서
책 제목은요?	
얼마나 읽었나요?	🔖 (　　쪽)　🕐 (　　분/시간)
가장 재미있는 책 속 한 줄 찾아 써 봐요	

쓰기
즐겁게 글쓰기 도전!	평생 한 가지 음식만 먹을 수 있다면 _____ 를 먹고 싶어요.

생활
인사했나요?	기상 ☐　등교 ☐　식사 ☐　하교 ☐　잠자리 ☐
스스로 했어요!	정리　방 ☐　책상 ☐　옷 ☐　신발 ☐
	운동　종목 _____　🕐 (　　분/시간)
지켰어요!	스마트폰 ___ 분 ☐　　컴퓨터 ___ 분 ☐

마음
나를 칭찬해요!	
정말 감사해요!	
점검	공부 ☐　독서 ☐　쓰기 ☐　생활 ☐　마음 ☐

주말 미션

오늘은   년   월 ~   일 토요일~일요일

네모 상자 체크해요

1단계

월요일부터 금요일까지 점검표에 체크하지 못한 영역이 있다면,
주말이라는 절호의 기회를 놓치지 마세요.
모든 영역을 완료하면 하루에 선물을 두 개씩 받을 수 있거든요.
부족한 부분을 채울 마지막 기회를 놓치지 마세요!

잘했는지 점검해 보아요

2단계

이번 한 주 간의 선물 상자를 받을 시간!
모든 습관을 익혔다면 하루에 선물 상자 2개를 색칠해요.
하지만 한 가지라도 안 했다면 선물 상자는 1개만 색칠할 수 있어요.

다섯 가지 습관 모두 지켰나요?	선물 상자
월요일	🎁 🎁
화요일	🎁 🎁
수요일	🎁 🎁
목요일	🎁 🎁
금요일	🎁 🎁
이번 주에 색칠한 선물 상자	개

 주말 미션

3단계

선물 상자 더 받고 싶어요!

오직 주말에만 할 수 있는 특별한 행운 미션이 있어요.
내가 정한 나의 미션 한 가지와 부모님께서 정해 주시는 미션 한 가지.
각각의 미션을 달성하면 1개씩의 선물 상자를 또! 얻게 됩니다.
미션을 달성하고 아래의 선물 상자를 색칠해 보세요!

미션	주말 행운 미션	선물 상자
미션 1	(나)	
미션 2	(부모님)	

선물 상자 몇 개예요?

이번 주에 색칠한 선물 상자	지금까지의 선물 상자 총 개수	부모님 확인
개	개	

부모님 확인을 마치면 **185쪽**부터 시작되는 스티커판에 가서
이번 주에 색칠한 선물 상자만큼 스티커를 붙여요.
스티커 **10개**를 모을 때마다 쿠폰을 받을 수 있어요.
★ 스티커는 맨 뒷장에 있답니다! ★

이번 주의 중요한 일

이번 한 주 동안 기억해야 할 중요한 일정이 있나요?
혹은 반드시 해야 할 숙제, 공부, 독서가 있나요?
또, 가족이나 친구와 한 약속이 있나요?
기록해 두고 기억하면서 실천으로 옮겨 보아요.

둘째 주

_____ 월 _____ 일 ~ _____ 월 _____ 일

요일	어떤 일정인가요?	지켰나요?
월		✓
화		✓
수		✓
목		✓
금		✓
토		✓
일		✓

매일 활동

오늘은 　　　년 　　　월 　　　일 　　　요일입니다.

공부

과목	오늘, 무엇을 공부해 볼까요?	✓

독서

책 제목은요?	
얼마나 읽었나요?	🔖 (　　　쪽)　　🕐 (　　　분/시간)
가장 재미있는 책 속 한 줄 찾아 써 봐요	

쓰기

즐겁게 글쓰기 도전!	하루만 살 수 있다면 마지막으로 _____ 를 하고 싶어요.

생활

인사했나요?	기상 ☐　등교 ☐　식사 ☐　하교 ☐　잠자리 ☐
스스로 했어요!	정리　　방 ☐　책상 ☐　옷 ☐　신발 ☐
	운동　종목 _____　🕐 (　　　분/시간)
지켰어요!	스마트폰 _____ 분 ☐　　컴퓨터 _____ 분 ☐

마음

나를 칭찬해요!	
정말 감사해요!	

점검	공부 ☐　독서 ☐　쓰기 ☐　생활 ☐　마음 ☐

매일 활동

오늘은　　　년　　　월　　　일　　　요일입니다.

공부

과목	오늘, 무엇을 공부해 볼까요?	✓

독서

책 제목은요?	
얼마나 읽었나요?	🔖 (　　　쪽)　🕐 (　　　분/시간)
가장 재미있는 책 속 한 줄 찾아 써 봐요	

쓰기

즐겁게 글쓰기 도전!	내가 가장 좋아하는 색깔은 _____ 색이에요.

생활

인사했나요?	기상 ☐　등교 ☐　식사 ☐　하교 ☐　잠자리 ☐
스스로 했어요!	정리　　방 ☐　책상 ☐　옷 ☐　신발 ☐
	운동　종목 _____　🕐 (　　　분/시간)
지켰어요!	스마트폰 _____ 분 ☐　　컴퓨터 _____ 분 ☐

마음

나를 칭찬해요!	
정말 감사해요!	
짐김	공부 ☐　독서 ☐　쓰기 ☐　생활 ☐　미음 ☐

매일 활동 오늘은   년   월   일   요일입니다.

공부
| 과목 | 오늘, 무엇을 공부해 볼까요? | ✓ |

독서
- 책 제목은요?
- 얼마나 읽었나요? 🔖 (쪽)   🕐 (분/시간)
- 가장 재미있는 책 속 한 줄 찾아 써 봐요

쓰기
- 즐겁게 글쓰기 도전!
  자동차를 만든다면 꼭 넣고 싶은 기능은 _____ 기능이에요.

생활
- 인사했나요? 기상☐ 등교☐ 식사☐ 하교☐ 잠자리☐
- 스스로 했어요!
  정리 — 방☐ 책상☐ 옷☐ 신발☐
  운동 — 종목 _____ 🕐 (분/시간)
- 지켰어요! 스마트폰 ___분 ☐   컴퓨터 ___분 ☐

마음
- 나를 칭찬해요!
- 정말 감사해요!
- 점검: 공부☐ 독서☐ 쓰기☐ 생활☐ 마음☐

매일 활동   오늘은   년   월   일   요일입니다.

공부

과목	오늘, 무엇을 공부해 볼까요?	✓

독서

책 제목은요?	
얼마나 읽었나요?	▌(쪽) 🕐 (분/시간)
가장 재미있는 책 속 한 줄 찾아 써 봐요	

쓰기

즐겁게 글쓰기 도전!	영화 속 캐릭터가 될 수 있다면 저는 _____ 가 되고 싶어요.

생활

인사했나요?	기상 ☐ 등교 ☐ 식사 ☐ 하교 ☐ 잠자리 ☐
스스로 했어요!	정리 방 ☐ 책상 ☐ 옷 ☐ 신발 ☐
	운동 종목 _____ 🕐 (분/시간)
지켰어요!	스마트폰 ___ 분 ☐ 컴퓨터 ___ 분 ☐

마음

나를 칭찬해요!	
정말 감사해요!	

짐김	공부 ☐ 독서 ☐ 쓰기 ☐ 생활 ☐ 마음 ☐

매일 활동

오늘은　　　년　　　월　　　일　　　요일입니다.

공부

과목	오늘, 무엇을 공부해 볼까요?	✓

독서

책 제목은요?	
얼마나 읽었나요?	▐ (　　　쪽)　　🕐 (　　　분/시간)
가장 재미있는 책 속 한 줄 찾아 써 봐요	

쓰기

즐겁게 글쓰기 도전!	내가 꼭 이루고 싶은 꿈이 있는데요, 바로 _____ 랍니다.

생활

인사했나요?	기상 ☐　등교 ☐　식사 ☐　하교 ☐　잠자리 ☐
스스로 했어요!	정리　　방 ☐　책상 ☐　옷 ☐　신발 ☐
	운동　종목 _____　🕐 (　　　분/시간)
지켰어요!	스마트폰 ___ 분 ☐　　컴퓨터 ___ 분 ☐

마음

나를 칭찬해요!	
정말 감사해요!	

점검	공부 ☐　독서 ☐　쓰기 ☐　생활 ☐　마음 ☐

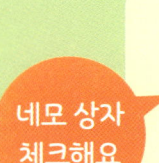 

주말 미션 오늘은   년   월   ~   일 토요일~일요일

네모 상자 체크해요

1단계

월요일부터 금요일까지 점검표에 체크하지 못한 영역이 있다면,
주말이라는 절호의 기회를 놓치지 마세요.
모든 영역을 완료하면 하루에 선물을 두 개씩 받을 수 있거든요.
부족한 부분을 채울 마지막 기회를 놓치지 마세요!

잘했는지 점검해 보아요

2단계

이번 한 주 간의 선물 상자를 받을 시간!
모든 습관을 익혔다면 하루에 선물 상자 2개를 색칠해요.
하지만 한 가지라도 안 했다면 선물 상자는 1개만 색칠할 수 있어요.

다섯 가지 습관 모두 지켰나요?	선물 상자
월요일	🎁 🎁
화요일	🎁 🎁
수요일	🎁 🎁
목요일	🎁 🎁
금요일	🎁 🎁
이번 주에 색칠한 선물 상자	개

주말 미션

3단계

선물 상자 더 받고 싶어요!

오직 주말에만 할 수 있는 특별한 행운 미션이 있어요.
내가 정한 나의 미션 한 가지와 부모님께서 정해 주시는 미션 한 가지.
각각의 미션을 달성하면 1개씩의 선물 상자를 또! 얻게 됩니다.
미션을 달성하고 아래의 선물 상자를 색칠해 보세요!

미션	주말 행운 미션	선물 상자
미션 1	(나)	
미션 2	(부모님)	

선물 상자 몇 개예요?

이번 주에 색칠한 선물 상자	지금까지의 선물 상자 총 개수	부모님 확인
개	개	

부모님 확인을 마치면 185쪽부터 시작되는 스티커판에 가서
이번 주에 색칠한 선물 상자만큼 스티커를 붙여요.
스티커 10개를 모을 때 마다 쿠폰을 받을 수 있어요.
★ 스티커는 맨 뒷장에 있답니다! ★

이번 주의 중요한 일

이번 한 주 동안 기억해야 할 중요한 일정이 있나요?
혹은 반드시 해야 할 숙제, 공부, 독서가 있나요?
또, 가족이나 친구와 한 약속이 있나요?
기록해 두고 기억하면서 실천으로 옮겨 보아요.

셋째 주

_____월 _____일 ~ _____월 _____일

요일	어떤 일정인가요?	지켰나요?
월		✓
화		✓
수		✓
목		✓
금		✓
토		✓
일		✓

매일 활동

오늘은　　　년　　　월　　　일　　　요일입니다.

공부

과목	오늘, 무엇을 공부해 볼까요?	✓

독서

책 제목은요?	
얼마나 읽었나요?	🔖 (　　　쪽)　　🕐 (　　　분/시간)
가장 재미있는 책 속 한 줄 찾아 써 봐요	

쓰기

즐겁게 글쓰기 도전!	다시 돌아가고 싶은 순간은 _____ 때예요.

생활

인사했나요?	기상 ☐　등교 ☐　식사 ☐　하교 ☐　잠자리 ☐
스스로 했어요!	정리　　방 ☐　책상 ☐　옷 ☐　신발 ☐ 운동　종목 _____　🕐 (　　분/시간)
지켰어요!	스마트폰 ____ 분 ☐　　컴퓨터 ____ 분 ☐

마음

나를 칭찬해요!	
정말 감사해요!	

점검	공부 ☐　독서 ☐　쓰기 ☐　생활 ☐　마음 ☐

매일 활동   오늘은   년   월   일   요일입니다.

공부

과목	오늘, 무엇을 공부해 볼까요?	✓

독서

책 제목은요?	
얼마나 읽었나요?	▌ (쪽) 🕐 (분/시간)
가장 재미있는 책 속 한 줄 찾아 써 봐요	

쓰기

즐겁게 글쓰기 도전!	내 이름을 바꾼다면 _____ 로 다시 짓고 싶어요.

생활

인사했나요?	기상 ☐ 등교 ☐ 식사 ☐ 하교 ☐ 잠자리 ☐
스스로 했어요!	정리 방 ☐ 책상 ☐ 옷 ☐ 신발 ☐
	운동 종목 _____ 🕐 (분/시간)
지켰어요!	스마트폰 ____ 분 ☐ 컴퓨터 ____ 분 ☐

마음

나를 칭찬해요!	
정말 감사해요!	
점검	공부 ☐ 녹서 ☐ 쓰기 ☐ 생활 ☐ 마음 ☐

31

매일 활동　　오늘은　　　년　　　월　　　일　　　요일입니다.

공부

과목	오늘, 무엇을 공부해 볼까요?	✓

독서

책 제목은요?	
얼마나 읽었나요?	▌(　　쪽)　🕐(　　분/시간)
가장 재미있는 책 속 한 줄 찾아 써 봐요	

쓰기

즐겁게 글쓰기 도전!	강아지를 키울 수 있게 되면 이름은 _____ 라고 지을래요.

생활

인사했나요?	기상 ☐　등교 ☐　식사 ☐　하교 ☐　잠자리 ☐
스스로 했어요!	정리　　방 ☐　책상 ☐　옷 ☐　신발 ☐ 운동　종목 _____　🕐(　　분/시간)
지켰어요!	스마트폰 ____ 분 ☐　　컴퓨터 ____ 분 ☐

마음

나를 칭찬해요!	
정말 감사해요!	

점검	공부 ☐　독서 ☐　쓰기 ☐　생활 ☐　마음 ☐

매일 활동 오늘은　　년　　월　　일　　요일입니다.

공부

과목	오늘, 무엇을 공부해 볼까요?	✓

독서

책 제목은요?	
얼마나 읽었나요?	🔖 (　　쪽)　🕐 (　　분/시간)
가장 재미있는 책 속 한 줄 찾아 써 봐요	

쓰기

즐겁게 글쓰기 도전!	내가 가장 존경하는 사람은 _____ 입니다.

생활

인사했나요?	기상 ☐　등교 ☐　식사 ☐　하교 ☐　잠자리 ☐
스스로 했어요!	정리　　방 ☐　책상 ☐　옷 ☐　신발 ☐
	운동　종목 _____　🕐 (　　분/시간)
지켰어요!	스마트폰 ____ 분 ☐　　컴퓨터 ____ 분 ☐

마음

나를 칭찬해요!	
정말 감사해요!	
점검	공부 ☐　녹서 ☐　쓰기 ☐　생활 ☐　마음 ☐

매일 활동

오늘은   년   월   일   요일입니다.

공부
과목	오늘, 무엇을 공부해 볼까요?	✓

독서
책 제목은요?	
얼마나 읽었나요?	📑 (쪽) 🕐 (분/시간)
가장 재미있는 책 속 한 줄 찾아 써 봐요	

쓰기
| 즐겁게 글쓰기 도전! | 내일 저녁으로 먹고 싶은 요리는 _____ 입니다. |

생활
인사했나요?	기상 ☐ 등교 ☐ 식사 ☐ 하교 ☐ 잠자리 ☐
스스로 했어요!	정리 방 ☐ 책상 ☐ 옷 ☐ 신발 ☐ 운동 종목 _____ 🕐 (분/시간)
지켰어요!	스마트폰 ____ 분 ☐ 컴퓨터 ____ 분 ☐

마음
나를 칭찬해요!	
정말 감사해요!	
점검	공부 ☐ 독서 ☐ 쓰기 ☐ 생활 ☐ 마음 ☐

 **주말 미션** 오늘은 　　　년　　　월　　　~　　　일 토요일 ~ 일요일

1단계 — 네모 상자 체크해요

월요일부터 금요일까지 점검표에 체크하지 못한 영역이 있다면, 주말이라는 절호의 기회를 놓치지 마세요.
모든 영역을 완료하면 **하루에 선물을 두 개씩** 받을 수 있거든요.
부족한 부분을 채울 마지막 기회를 놓치지 마세요!

2단계 — 잘했는지 점검해 보아요

이번 한 주 간의 선물 상자를 받을 시간!
모든 습관을 익혔다면 하루에 **선물 상자 2개**를 색칠해요.
하지만 한 가지라도 안 했다면 **선물 상자는 1개만** 색칠할 수 있어요.

다섯 가지 습관 모두 지켰나요?	선물 상자
월요일	🎁 🎁
화요일	🎁 🎁
수요일	🎁 🎁
목요일	🎁 🎁
금요일	🎁 🎁
이번 주에 색칠한 선물 상자	개

 **주말 미션**

3단계 — 선물 상자 더 받고 싶어요!

오직 주말에만 할 수 있는 특별한 행운 미션이 있어요.
내가 정한 나의 미션 한 가지와 부모님께서 정해 주시는 미션 한 가지.
각각의 미션을 달성하면 1개씩의 선물 상자를 또! 얻게 됩니다.
미션을 달성하고 아래의 선물 상자를 색칠해 보세요!

미션	주말 행운 미션	선물 상자
미션 1	(나)	🎁
미션 2	(부모님)	🎁

선물 상자 몇 개예요?

이번 주에 색칠한 선물 상자	지금까지의 선물 상자 총 개수	부모님 확인
개	개	

부모님 확인을 마치면 **185쪽**부터 시작되는 스티커판에 가서
이번 주에 색칠한 선물 상자만큼 스티커를 붙여요.
스티커 **10개**를 모을 때 마다 쿠폰을 받을 수 있어요.
★ 스티커는 맨 뒷장에 있답니다! ★

이번 주의 중요한 일

이번 한 주 동안 기억해야 할 중요한 일정이 있나요?
혹은 반드시 해야 할 숙제, 공부, 독서가 있나요?
또, 가족이나 친구와 한 약속이 있나요?
기록해 두고 기억하면서 실천으로 옮겨 보아요.

넷째 주

_____월 _____일 ~ _____월 _____일

요일	어떤 일정인가요?	지켰나요?
월		✓
화		✓
수		✓
목		✓
금		✓
토		✓
일		✓

매일 활동   오늘은   년   월   일   요일입니다.

공부

과목	오늘, 무엇을 공부해 볼까요?	✓

독서

책 제목은요?	
얼마나 읽었나요?	🔖 (쪽) 🕐 (분/시간)
가장 재미있는 책 속 한 줄 찾아 써 봐요	

쓰기

즐겁게 글쓰기 도전!	배낭여행을 가고 싶은 나라는 _____ 입니다.

생활

인사했나요?	기상 ☐ 등교 ☐ 식사 ☐ 하교 ☐ 잠자리 ☐
스스로 했어요!	정리 방 ☐ 책상 ☐ 옷 ☐ 신발 ☐
	운동 종목 _____ 🕐 (분/시간)
지켰어요!	스마트폰 ____ 분 ☐ 컴퓨터 ____ 분 ☐

마음

나를 칭찬해요!	
정말 감사해요!	
점검	공부 ☐ 독서 ☐ 쓰기 ☐ 생활 ☐ 마음 ☐

매일 활동

오늘은　　　년　　　월　　　일　　　요일입니다.

공부

과목	오늘, 무엇을 공부해 볼까요?	✓

독서

책 제목은요?	
얼마나 읽었나요?	🔖 (　　　쪽)　🕐 (　　　분/시간)
가장 재미있는 책 속 한 줄 찾아 써 봐요	

쓰기

즐겁게 글쓰기 도전!	저는 _____ 센티미터까지 크고 싶어요.

생활

인사했나요?	기상 ☐　등교 ☐　식사 ☐　하교 ☐　잠자리 ☐
스스로 했어요!	정리　　방 ☐　책상 ☐　옷 ☐　신발 ☐
	운동　종목 _____　🕐 (　　　분/시간)
지켰어요!	스마트폰 _____ 분 ☐　　컴퓨터 _____ 분 ☐

마음

나를 칭찬해요!	
정말 감사해요!	
점검	공부 ☐　독서 ☐　쓰기 ☐　생활 ☐　마음 ☐

매일 활동

오늘은 　　　년 　　　월 　　　일 　　　요일입니다.

공부

과목	오늘, 무엇을 공부해 볼까요?	✓

독서

책 제목은요?	
얼마나 읽었나요?	🔖 (　　　쪽)　　🕐 (　　　분/시간)
가장 재미있는 책 속 한 줄 찾아 써 봐요	

쓰기

즐겁게 글쓰기 도전!	내가 가장 좋아하는 운동은 ＿＿＿＿＿＿＿＿＿＿ 입니다.

생활

인사했나요?	기상 ☐　등교 ☐　식사 ☐　하교 ☐　잠자리 ☐
스스로 했어요!	정리　　방 ☐　책상 ☐　옷 ☐　신발 ☐
	운동　　종목 ＿＿＿＿　🕐 (　　　분/시간)
지켰어요!	스마트폰 ＿＿＿ 분 ☐　　컴퓨터 ＿＿＿ 분 ☐

마음

나를 칭찬해요!	
정말 감사해요!	

점검	공부 ☐　독서 ☐　쓰기 ☐　생활 ☐　마음 ☐

매일 활동

오늘은　　　년　　　월　　　일　　　요일입니다.

공부

과목	오늘, 무엇을 공부해 볼까요?	✓

독서

- 책 제목은요?
- 얼마나 읽었나요?　📖 (　　　쪽)　🕐 (　　　분/시간)
- 가장 재미있는 책 속 한 줄 찾아 써 봐요

쓰기

- 즐겁게 글쓰기 도전!　내가 가장 싫어하는 과목은 _____ 입니다.

생활

- 인사했나요?　기상 ☐　등교 ☐　식사 ☐　하교 ☐　잠자리 ☐
- <u>스스로 했어요!</u>　정리　방 ☐　책상 ☐　옷 ☐　신발 ☐
  운동　종목 _____　🕐 (　　　분/시간)
- 지켰어요!　스마트폰 ____ 분 ☐　컴퓨터 ____ 분 ☐

마음

- 나를 칭찬해요!
- 정말 감사해요!

점검　공부 ☐　독서 ☐　쓰기 ☐　생활 ☐　마음 ☐

매일 활동

오늘은　　　년　　　월　　　일　　　요일입니다.

공부

과목	오늘, 무엇을 공부해 볼까요?	✓

독서

책 제목은요?	
얼마나 읽었나요?	🔖 (　　　쪽)　　🕐 (　　　분/시간)
가장 재미있는 책 속 한 줄 찾아 써 봐요	

쓰기

즐겁게 글쓰기 도전!	지금 가장 가고 싶은 장소는 _____ 입니다.

생활

인사했나요?	기상☐　등교☐　식사☐　하교☐　잠자리☐
스스로 했어요!	정리 ｜ 방☐　책상☐　옷☐　신발☐ 운동　종목 _____　🕐 (　　분/시간)
지켰어요!	스마트폰 _____ 분☐　　컴퓨터 _____ 분☐

마음

나를 칭찬해요!	
정말 감사해요!	

점검	공부☐　독서☐　쓰기☐　생활☐　마음☐

주말 미션 오늘은   년   월   ~   일 토요일~일요일

네모 상자 체크해요

1단계

월요일부터 금요일까지 점검표에 체크하지 못한 영역이 있다면, 주말이라는 절호의 기회를 놓치지 마세요.
모든 영역을 완료하면 하루에 선물을 두 개씩 받을 수 있거든요.
부족한 부분을 채울 마지막 기회를 놓치지 마세요!

잘했는지 점검해 보아요

2단계

이번 한 주 간의 선물 상자를 받을 시간!
모든 습관을 익혔다면 하루에 선물 상자 2개를 색칠해요.
하지만 한 가지라도 안 했다면 선물 상자는 1개만 색칠할 수 있어요.

다섯 가지 습관 모두 지켰나요?	선물 상자
월요일	🎁 🎁
화요일	🎁 🎁
수요일	🎁 🎁
목요일	🎁 🎁
금요일	🎁 🎁
이번 주에 색칠한 선물 상자	개

 주말 미션

선물 상자 더 받고 싶어요!

3단계

오직 주말에만 할 수 있는 특별한 행운 미션이 있어요.
내가 정한 나의 미션 한 가지와 부모님께서 정해 주시는 미션 한 가지.
각각의 미션을 달성하면 1개씩의 선물 상자를 또! 얻게 됩니다.
미션을 달성하고 아래의 선물 상자를 색칠해 보세요!

미션	주말 행운 미션	선물 상자
미션 1	(나)	
미션 2	(부모님)	

선물 상자 몇 개예요?

이번 주에 색칠한 선물 상자	지금까지의 선물 상자 총 개수	부모님 확인
개	개	

부모님 확인을 마치면 185쪽부터 시작되는 스티커판에 가서
이번 주에 색칠한 선물 상자만큼 스티커를 붙여요.
스티커 10개를 모을 때 마다 쿠폰을 받을 수 있어요.
★ 스티커는 맨 뒷장에 있답니다! ★

이번 주의 중요한 일

이번 한 주 동안 기억해야 할 중요한 일정이 있나요?
혹은 반드시 해야 할 숙제, 공부, 독서가 있나요?
또, 가족이나 친구와 한 약속이 있나요?
기록해 두고 기억하면서 실천으로 옮겨 보아요.

다섯째 주

_____월 _____일 ~ _____월 _____일

요일	어떤 일정인가요?	지켰나요?
월		✓
화		✓
수		✓
목		✓
금		✓
토		✓
일		✓

매일 활동

오늘은　　　년　　　월　　　일　　　요일입니다.

공부

과목	오늘, 무엇을 공부해 볼까요?	✓

독서

책 제목은요?	
얼마나 읽었나요?	🔖 (　　　쪽)　🕐 (　　　분/시간)
가장 재미있는 책 속 한 줄 찾아 써 봐요	

쓰기

즐겁게 글쓰기 도전!	이번 크리스마스에는 산타 할아버지께 _____ 를 선물로 받고 싶어요.

생활

인사했나요?	기상 ☐　등교 ☐　식사 ☐　하교 ☐　잠자리 ☐
스스로 했어요!	정리　　방 ☐　책상 ☐　옷 ☐　신발 ☐ 운동　종목 _____　🕐 (　　　분/시간)
지켰어요!	스마트폰 _____ 분 ☐　　컴퓨터 _____ 분 ☐

마음

나를 칭찬해요!	
정말 감사해요!	

점검	공부 ☐　독서 ☐　쓰기 ☐　생활 ☐　마음 ☐

 **매일 활동** 오늘은   년   월   일   요일입니다.

	과목	오늘, 무엇을 공부해 볼까요?	✓
공부			

 **독서**

책 제목은요?	
얼마나 읽었나요?	 (쪽) (분/시간)
가장 재미있는 책 속 한 줄 찾아 써 봐요	

 **쓰기**

즐겁게 글쓰기 도전!	내 얼굴 중, 가장 특이하게 생긴 곳은 _____ 이에요.

 **생활**

인사했나요?	기상 ☐ 등교 ☐ 식사 ☐ 하교 ☐ 잠자리 ☐
스스로 했어요!	정리 방 ☐ 책상 ☐ 옷 ☐ 신발 ☐
	운동 종목 _____ 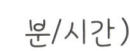 (분/시간)
지켰어요!	스마트폰 ____ 분 ☐ 컴퓨터 ____ 분 ☐

 **마음**

나를 칭찬해요!	
정말 감사해요!	
점검	공부 ☐ 독서 ☐ 쓰기 ☐ 생활 ☐ 마음 ☐

매일 활동

오늘은   년   월   일   요일입니다.

공부

과목	오늘, 무엇을 공부해 볼까요?	✓

독서

책 제목은요?	
얼마나 읽었나요?	(　　쪽)　　(　　분/시간)
가장 재미있는 책 속 한 줄 찾아 써 봐요	

쓰기

즐겁게 글쓰기 도전!	만약 내가 하늘을 날 수 있다면 나는 _____. 로 갈 거예요.

생활

인사했나요?	기상 ☐　등교 ☐　식사 ☐　하교 ☐　잠자리 ☐
스스로 했어요!	정리 　　방 ☐　책상 ☐　옷 ☐　신발 ☐
	운동　종목 _____　(　　분/시간)
지켰어요!	스마트폰 ____ 분 ☐　　컴퓨터 ____ 분 ☐

마음

나를 칭찬해요!	
정말 감사해요!	

점검	공부 ☐　독서 ☐　쓰기 ☐　생활 ☐　마음 ☐

매일 활동

오늘은 　　　년 　　　월 　　　일 　　　요일입니다.

공부

과목	오늘, 무엇을 공부해 볼까요?	✓

독서

책 제목은요?	
얼마나 읽었나요?	🔖 (　　　쪽)　　🕐 (　　　분/시간)
가장 재미있는 책 속 한 줄 찾아 써 봐요	

쓰기

즐겁게 글쓰기 도전!	너무 무서울 때 내가 떠올리는 사람은 _____ 예요.

생활

인사했나요?	기상 ☐　등교 ☐　식사 ☐　하교 ☐　잠자리 ☐
스스로 했어요!	정리　　방 ☐　책상 ☐　옷 ☐　신발 ☐
	운동　종목 _____　🕐 (　　　분/시간)
지켰어요!	스마트폰　____분 ☐　　컴퓨터　____분 ☐

마음

나를 칭찬해요!	
정말 감사해요!	

점검	공부 ☐　독서 ☐　쓰기 ☐　생활 ☐　마음 ☐

 **매일 활동** 오늘은   년   월   일   요일입니다.

공부
과목	오늘, 무엇을 공부해 볼까요?	✓

독서
책 제목은요?	
얼마나 읽었나요?	📑 (쪽) 🕐 (분/시간)
가장 재미있는 책 속 한 줄 찾아 써 봐요	

쓰기
즐겁게 글쓰기 도전!	매일 매일 하고 싶은 것은 _____ 예요.

생활
인사했나요?	기상 ☐ 등교 ☐ 식사 ☐ 하교 ☐ 잠자리 ☐
스스로 했어요!	정리 방 ☐ 책상 ☐ 옷 ☐ 신발 ☐ 운동 종목 _____ 🕐 (분/시간)
지켰어요!	스마트폰 ____ 분 ☐ 컴퓨터 ____ 분 ☐

마음
나를 칭찬해요!	
정말 감사해요!	
점검	공부 ☐ 독서 ☐ 쓰기 ☐ 생활 ☐ 마음 ☐

주말 미션 오늘은　　　년　　　월　　~　　일 토요일~일요일

네모 상자 체크해요

1단계

월요일부터 금요일까지 점검표에 체크하지 못한 영역이 있다면, 주말이라는 절호의 기회를 놓치지 마세요.
모든 영역을 완료하면 하루에 선물을 두 개씩 받을 수 있거든요.
부족한 부분을 채울 마지막 기회를 놓치지 마세요!

잘했는지 점검해 보아요

2단계

이번 한 주 간의 선물 상자를 받을 시간!
모든 습관을 익혔다면 하루에 선물 상자 2개를 색칠해요.
하지만 한 가지라도 안 했다면 선물 상자는 1개만 색칠할 수 있어요.

다섯 가지 습관 모두 지켰나요?	선물 상자
월요일	🎁 🎁
화요일	🎁 🎁
수요일	🎁 🎁
목요일	🎁 🎁
금요일	🎁 🎁
이번 주에 색칠한 선물 상자	개

주말 미션

3단계

선물 상자 더 받고 싶어요!

오직 주말에만 할 수 있는 특별한 행운 미션이 있어요.
내가 정한 나의 미션 한 가지와 부모님께서 정해 주시는 미션 한 가지.
각각의 미션을 달성하면 1개씩의 선물 상자를 또! 얻게 됩니다.
미션을 달성하고 아래의 선물 상자를 색칠해 보세요!

미션	주말 행운 미션	선물 상자
미션 1	(나)	
미션 2	(부모님)	

선물 상자 몇 개예요?

이번 주에 색칠한 선물 상자	지금까지의 선물 상자 총 개수	부모님 확인
개	개	

부모님 확인을 마치면 **185쪽**부터 시작되는 스티커판에 가서
이번 주에 색칠한 선물 상자만큼 스티커를 붙여요.
스티커 **10개**를 모을 때 마다 쿠폰을 받을 수 있어요.
★ 스티커는 맨 뒷장에 있답니다! ★

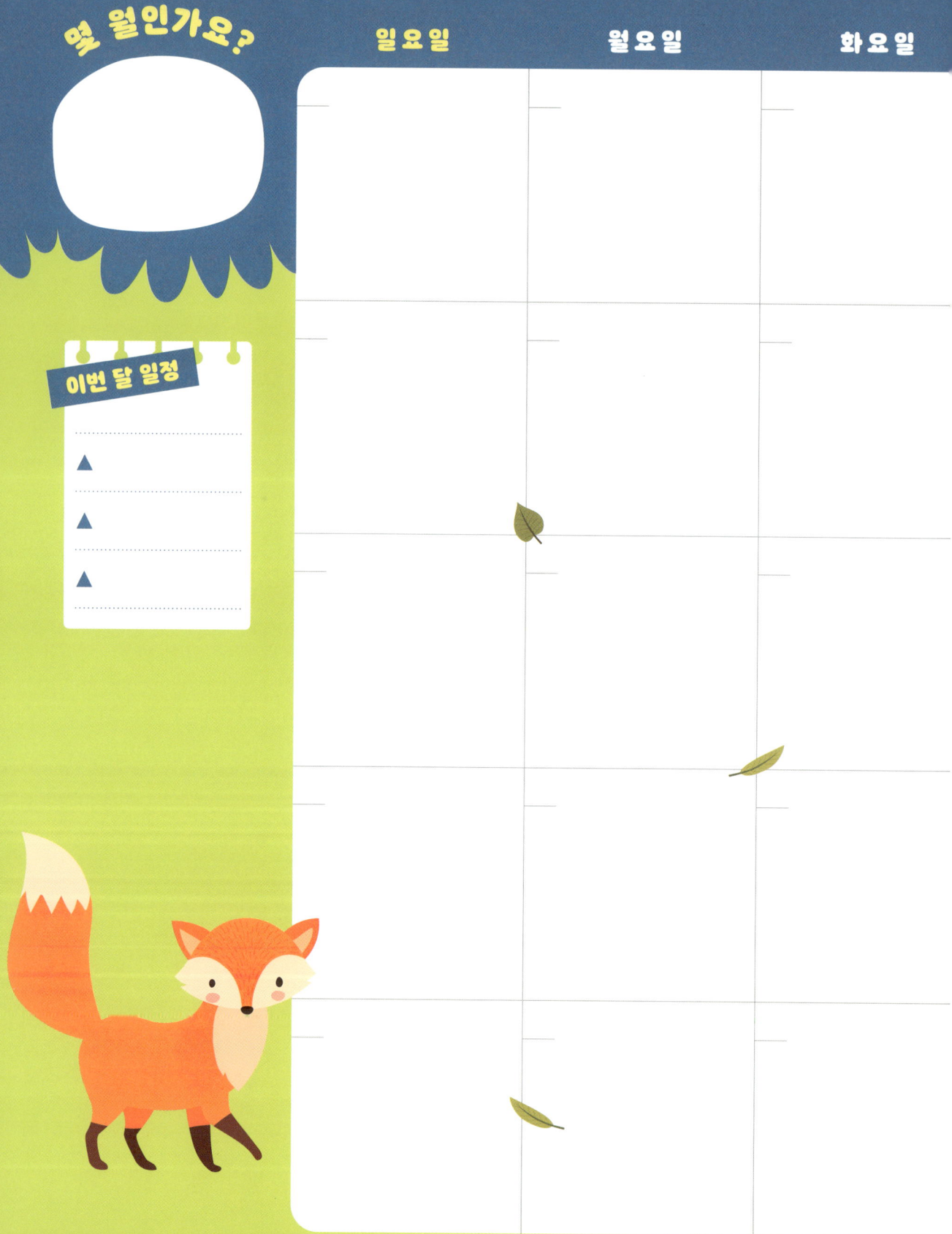

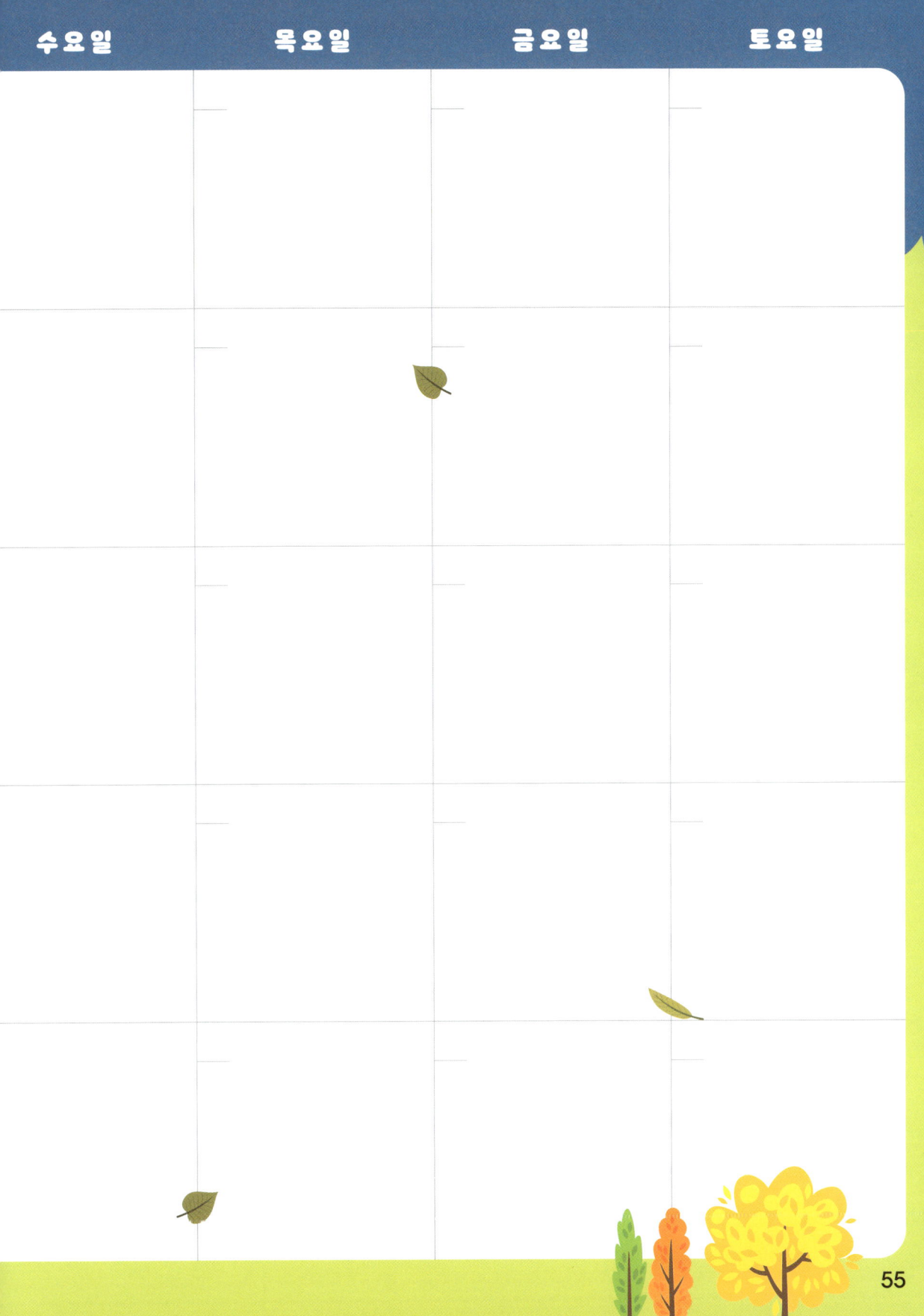

| 수요일 | 목요일 | 금요일 | 토요일 |

이번 달의 목표 습관

'습관 익힘책'과 함께 습관을 만들어 가는 이번 달, 꼭 만들고 싶은 습관이 있나요?
마음속으로만 생각하지 말고 하나씩 꺼내어 적어 보세요.
도전해 보자고요!
그리고 큰 소리로 읽어 보세요. 반드시 이루어 낼 수 있을 거예요.

_____ 월에 도전할 다섯 가지 멋진 습관

종류	어떤 습관인가요?	지켰나요?
공부		✓
독서		✓
쓰기		✓
생활		✓
마음		✓

이번 주의 중요한 일

이번 한 주 동안 기억해야 할 중요한 일정이 있나요?
혹은 반드시 해야 할 숙제, 공부, 독서가 있나요?
또, 가족이나 친구와 한 약속이 있나요?
기록해 두고 기억하면서 실천으로 옮겨 보아요.

첫째 주

_____월 _____일 ~ _____월 _____일

요일	어떤 일정인가요?	지켰나요?
월		✓
화		✓
수		✓
목		✓
금		✓
토		✓
일		✓

매일 활동

오늘은　　　년　　　월　　　일　　　요일입니다.

공부
과목	오늘, 무엇을 공부해 볼까요?	✓

독서
책 제목은요?	
얼마나 읽었나요?	🔖 (　　　쪽)　🕐 (　　　분/시간)
가장 재미있는 책 속 한 줄 찾아 써 봐요	

쓰기
즐겁게 글쓰기 도전!	나의 버릇 중 꼭 고치고 싶은 한 가지는 _____ 입니다.

생활
인사했나요?	기상 ☐　등교 ☐　식사 ☐　하교 ☐　잠자리 ☐
스스로 했어요!	정리　　방 ☐　책상 ☐　옷 ☐　신발 ☐ 운동　종목 _____　🕐 (　　분/시간)
지켰어요!	스마트폰 ____ 분 ☐　　컴퓨터 ____ 분 ☐

마음
나를 칭찬해요!	
정말 감사해요!	
점검	공부 ☐　독서 ☐　쓰기 ☐　생활 ☐　마음 ☐

매일 활동

오늘은　　　년　　　월　　　일　　　요일입니다.

공부

과목	오늘, 무엇을 공부해 볼까요?	✓

독서

책 제목은요?	
얼마나 읽었나요?	🔖 (　　　쪽)　🕐 (　　　분/시간)
가장 재미있는 책 속 한 줄 찾아 써 봐요	

쓰기

즐겁게 글쓰기 도전!	우리 가족 중 가장 재미있다고 생각되는 사람은 ＿＿＿＿＿＿＿＿＿＿ 입니다.

생활

인사했나요?	기상 ☐　등교 ☐　식사 ☐　하교 ☐　잠자리 ☐
스스로 했어요!	정리　　방 ☐　책상 ☐　옷 ☐　신발 ☐
	운동　종목 ＿＿＿＿＿　🕐 (　　　분/시간)
지켰어요!	스마트폰 ＿＿＿ 분 ☐　　컴퓨터 ＿＿＿ 분 ☐

마음

나를 칭찬해요!	
정말 감사해요!	
점검	공부 ☐　독서 ☐　쓰기 ☐　생활 ☐　마음 ☐

매일 활동

오늘은 　　　년　　　월　　　일　　　요일입니다.

공부

과목	오늘, 무엇을 공부해 볼까요?	✓

독서

책 제목은요?	
얼마나 읽었나요?	📑 (　　　쪽)　　🕐 (　　　분/시간)
가장 재미있는 책 속 한 줄 찾아 써 봐요	

쓰기

즐겁게 글쓰기 도전!	지금껏 가장 잘했다고 생각되는 일은 _____ 랍니다.

생활

인사했나요?	기상☐　등교☐　식사☐　하교☐　잠자리☐
스스로 했어요!	정리　　방☐　책상☐　옷☐　신발☐
	운동　종목_____　🕐(　　　분/시간)
지켰어요!	스마트폰____분☐　　컴퓨터____분☐

마음

나를 칭찬해요!	
정말 감사해요!	

점검	공부☐　독서☐　쓰기☐　생활☐　마음☐

매일 활동

오늘은 　　　 년 　　　 월 　　　 일 　　　 요일입니다.

공부

과목	오늘, 무엇을 공부해 볼까요?	✓

독서

책 제목은요?	
얼마나 읽었나요?	▶ (　　　 쪽)　　🕐 (　　　 분/시간)
가장 재미있는 책 속 한 줄 찾아 써 봐요	

쓰기

즐겁게 글쓰기 도전!	오늘 하루 중 가장 행복했던 순간은 _____ 할 때였어요.

생활

인사했나요?	기상 ☐　등교 ☐　식사 ☐　하교 ☐　잠자리 ☐
스스로 했어요!	정리　　방 ☐　책상 ☐　옷 ☐　신발 ☐
	운동　종목 _____　🕐 (　　　 분/시간)
지켰어요!	스마트폰 _____ 분 ☐　　컴퓨터 _____ 분 ☐

마음

나를 칭찬해요!	
정말 감사해요!	
점검	공부 ☐　독서 ☐　쓰기 ☐　생활 ☐　마음 ☐

매일 활동

오늘은   년   월   일   요일입니다.

공부
| 과목 | 오늘, 무엇을 공부해 볼까요? | ✓ |

독서
- 책 제목은요?
- 얼마나 읽었나요? 🔖 (쪽)   🕐 (분/시간)
- 가장 재미있는 책 속 한 줄 찾아 써 봐요

쓰기
즐겁게 글쓰기 도전!

10년 후에 꼭 다시 만나고 싶은 친구는

_____ 입니다.

생활
- 인사했나요?   기상 ☐   등교 ☐   식사 ☐   하교 ☐   잠자리 ☐
- 스스로 했어요!
  - 정리   방 ☐   책상 ☐   옷 ☐   신발 ☐
  - 운동   종목 _____   🕐 (분/시간)
- 지켰어요!   스마트폰 _____ 분 ☐   컴퓨터 _____ 분 ☐

마음
- 나를 칭찬해요!
- 정말 감사해요!

점검   공부 ☐   독서 ☐   쓰기 ☐   생활 ☐   마음 ☐

주말 미션
오늘은   년   월   ~   일 토요일~일요일

1단계 — 네모 상자 체크해요

월요일부터 금요일까지 점검표에 체크하지 못한 영역이 있다면, 주말이라는 절호의 기회를 놓치지 마세요.
모든 영역을 완료하면 하루에 선물을 두 개씩 받을 수 있거든요.
부족한 부분을 채울 마지막 기회를 놓치지 마세요!

2단계 — 잘했는지 점검해 보아요

이번 한 주 간의 선물 상자를 받을 시간!
모든 습관을 익혔다면 하루에 선물 상자 2개를 색칠해요.
하지만 한 가지라도 안 했다면 선물 상자는 1개만 색칠할 수 있어요.

다섯 가지 습관 모두 지켰나요?	선물 상자
월요일	🎁 🎁
화요일	🎁 🎁
수요일	🎁 🎁
목요일	🎁 🎁
금요일	🎁 🎁
이번 주에 색칠한 선물 상자	_____ 개

주말 미션

3단계

선물 상자 더 받고 싶어요!

오직 주말에만 할 수 있는 특별한 행운 미션이 있어요.
내가 정한 나의 미션 한 가지와 부모님께서 정해 주시는 미션 한 가지.
각각의 미션을 달성하면 1개씩의 선물 상자를 또! 얻게 됩니다.
미션을 달성하고 아래의 선물 상자를 색칠해 보세요!

미션	주말 행운 미션	선물 상자
미션 1	(나)	
미션 2	(부모님)	

선물 상자 몇 개예요?

이번 주에 색칠한 선물 상자	지금까지의 선물 상자 총 개수	부모님 확인
개	개	

부모님 확인을 마치면 **185쪽**부터 시작되는 스티커판에 가서
이번 주에 색칠한 선물 상자만큼 스티커를 붙여요.
스티커 **10개**를 모을 때마다 쿠폰을 받을 수 있어요.
★ 스티커는 맨 뒷장에 있답니다! ★

이번 주의 중요한 일

이번 한 주 동안 기억해야 할 중요한 일정이 있나요?
혹은 반드시 해야 할 숙제, 공부, 독서가 있나요?
또, 가족이나 친구와 한 약속이 있나요?
기록해 두고 기억하면서 실천으로 옮겨 보아요.

둘째 주

_____월 _____일 ~ _____월 _____일

요일	어떤 일정인가요?	지켰나요?
월		✓
화		✓
수		✓
목		✓
금		✓
토		✓
일		✓

매일 활동 오늘은 년 월 일 요일입니다.

공부
과목	오늘, 무엇을 공부해 볼까요?	✓

독서
책 제목은요?	
얼마나 읽었나요?	🔖 (쪽) 🕐 (분/시간)
가장 재미있는 책 속 한 줄 찾아 써 봐요	

쓰기
즐겁게 글쓰기 도전!	내가 가장 싫어하는 음식은 _____ 랍니다.

생활
인사했나요?	기상 ☐ 등교 ☐ 식사 ☐ 하교 ☐ 잠자리 ☐
스스로 했어요!	정리 방 ☐ 책상 ☐ 옷 ☐ 신발 ☐
	운동 종목 _____ 🕐 (분/시간)
지켰어요!	스마트폰 ___ 분 ☐ 컴퓨터 ___ 분 ☐

마음
나를 칭찬해요!	
정말 감사해요!	
점검	공부 ☐ 독서 ☐ 쓰기 ☐ 생활 ☐ 마음 ☐

매일 활동 오늘은   년   월   일   요일입니다.

공부
| 과목 | 오늘, 무엇을 공부해 볼까요? | ✓ |

독서
- 책 제목은요?
- 얼마나 읽었나요? (　　쪽) (　　분/시간)
- 가장 재미있는 책 속 한 줄 찾아 써 봐요

쓰기
- 즐겁게 글쓰기 도전!
  오늘 하루 중 가장 힘들었던 순간은 _____ 할 때였어요.

생활
- 인사했나요? 기상☐ 등교☐ 식사☐ 하교☐ 잠자리☐
- <u>스스로 했어요!</u>
  정리 — 방☐ 책상☐ 옷☐ 신발☐
  운동 — 종목 _____ (　　분/시간)
- 지켰어요! 스마트폰 ___분☐   컴퓨터 ___분☐

마음

- 나를 칭찬해요!
- 정말 감사해요!

점검 공부☐ 독서☐ 쓰기☐ 생활☐ 마음☐

매일 활동

오늘은　　　년　　　월　　　일　　　요일입니다.

공부

과목	오늘, 무엇을 공부해 볼까요?	✓

독서

책 제목은요?	
얼마나 읽었나요?	🔖 (　　　쪽)　　🕐 (　　　분/시간)
가장 재미있는 책 속 한 줄 찾아 써 봐요	

쓰기

즐겁게 글쓰기 도전!	나의 습관 중 가장 자랑스럽게 생각하는 것은 _____ 입니다.

생활

인사했나요?	기상 ☐　등교 ☐　식사 ☐　하교 ☐　잠자리 ☐
스스로 했어요!	정리　　방 ☐　책상 ☐　옷 ☐　신발 ☐
	운동　종목 _____　🕐 (　　　분/시간)
지켰어요!	스마트폰 ____ 분 ☐　　컴퓨터 ____ 분 ☐

마음

나를 칭찬해요!	
정말 감사해요!	
점검	공부 ☐　독서 ☐　쓰기 ☐　생활 ☐　마음 ☐

매일 활동   오늘은   년   월   일   요일입니다.

공부

과목	오늘, 무엇을 공부해 볼까요?	✓

독서

책 제목은요?	
얼마나 읽었나요?	🔖 (쪽) 🕐 (분/시간)
가장 재미있는 책 속 한 줄 찾아 써 봐요	

쓰기

즐겁게 글쓰기 도전!	내가 가장 싫어하는 운동은 _____ 입니다.

생활

인사했나요?	기상 ☐ 등교 ☐ 식사 ☐ 하교 ☐ 잠자리 ☐
스스로 했어요!	정리 방 ☐ 책상 ☐ 옷 ☐ 신발 ☐ 운동 종목 _____ 🕐 (분/시간)
지켰어요!	스마트폰 _____ 분 ☐ 컴퓨터 _____ 분 ☐

마음

나를 칭찬해요!	
정말 감사해요!	
점검	공부 ☐ 독서 ☐ 쓰기 ☐ 생활 ☐ 마음 ☐

매일 활동 오늘은   년   월   일   요일입니다.

공부

과목	오늘, 무엇을 공부해 볼까요?	✓

독서

책 제목은요?	
얼마나 읽었나요?	🔖 (쪽) 🕐 (분/시간)
가장 재미있는 책 속 한 줄 찾아 써 봐요	

쓰기

즐겁게 글쓰기 도전!	내가 가장 자신 있는 과목은 _____ 입니다.

생활

인사했나요?	기상 ☐ 등교 ☐ 식사 ☐ 하교 ☐ 잠자리 ☐
스스로 했어요!	정리 │ 방 ☐ 책상 ☐ 옷 ☐ 신발 ☐
	운동 │ 종목 _____ 🕐 (분/시간)
지켰어요!	스마트폰 ____ 분 ☐ 컴퓨터 ____ 분 ☐

마음

나를 칭찬해요!	
정말 감사해요!	

점검	공부 ☐ 독서 ☐ 쓰기 ☐ 생활 ☐ 마음 ☐

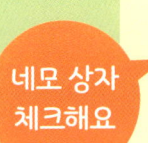 **주말 미션** 오늘은   년   월   ~   일 토요일~일요일

1단계
네모 상자 체크해요

월요일부터 금요일까지 점검표에 체크하지 못한 영역이 있다면,
주말이라는 절호의 기회를 놓치지 마세요.
모든 영역을 완료하면 **하루에 선물을 두 개씩** 받을 수 있거든요.
부족한 부분을 채울 마지막 기회를 놓치지 마세요!

2단계
잘했는지 점검해 보아요

이번 한 주 간의 선물 상자를 받을 시간!
모든 습관을 익혔다면 하루에 **선물 상자 2개**를 색칠해요.
하지만 한 가지라도 안 했다면 **선물 상자는 1개만** 색칠할 수 있어요.

다섯 가지 습관 모두 지켰나요?	선물 상자
월요일	🎁 🎁
화요일	🎁 🎁
수요일	🎁 🎁
목요일	🎁 🎁
금요일	🎁 🎁
이번 주에 색칠한 선물 상자	개

주말 미션

3단계

선물 상자 더 받고 싶어요!

오직 주말에만 할 수 있는 특별한 행운 미션이 있어요.
내가 정한 나의 미션 한 가지와 부모님께서 정해 주시는 미션 한 가지.
각각의 미션을 달성하면 1개씩의 선물 상자를 또! 얻게 됩니다.
미션을 달성하고 아래의 선물 상자를 색칠해 보세요!

미션	주말 행운 미션	선물 상자
미션 1	(나)	
미션 2	(부모님)	

선물 상자 몇 개예요?

이번 주에 색칠한 선물 상자	지금까지의 선물 상자 총 개수	부모님 확인
개	개	

부모님 확인을 마치면 **185쪽**부터 시작되는 스티커판에 가서
이번 주에 색칠한 선물 상자만큼 스티커를 붙여요.
스티커 10개를 모을 때 마다 쿠폰을 받을 수 있어요.
★ 스티커는 맨 뒷장에 있답니다! ★

이번 주의 중요한 일

이번 한 주 동안 기억해야 할 중요한 일정이 있나요?
혹은 반드시 해야 할 숙제, 공부, 독서가 있나요?
또, 가족이나 친구와 한 약속이 있나요?
기록해 두고 기억하면서 실천으로 옮겨 보아요.

셋째 주

_____ 월 _____ 일 ~ _____ 월 _____ 일

요일	어떤 일정인가요?	지켰나요?
월		✓
화		✓
수		✓
목		✓
금		✓
토		✓
일		✓

매일 활동

오늘은　　　년　　　월　　　일　　　요일입니다.

공부

과목	오늘, 무엇을 공부해 볼까요?	✓

독서

책 제목은요?	
얼마나 읽었나요?	🔖 (　　쪽)　　🕐 (　　분/시간)
가장 재미있는 책 속 한 줄 찾아 써 봐요	

쓰기

즐겁게 글쓰기 도전!	요즘 즐겨 보는 유튜브 채널은 _____ 입니다.

생활

인사했나요?	기상 ☐　등교 ☐　식사 ☐　하교 ☐　잠자리 ☐
스스로 했어요!	정리　　방 ☐　책상 ☐　옷 ☐　신발 ☐
	운동　　종목 _____　🕐 (　　분/시간)
지켰어요!	스마트폰 ____ 분 ☐　　컴퓨터 ____ 분 ☐

마음

나를 칭찬해요!	
정말 감사해요!	

점검	공부 ☐　독서 ☐　쓰기 ☐　생활 ☐　마음 ☐

매일 활동   오늘은   년   월   일   요일입니다.

공부

과목	오늘, 무엇을 공부해 볼까요?	✓

독서

책 제목은요?	
얼마나 읽었나요?	(쪽) (분/시간)
가장 재미있는 책 속 한 줄 찾아 써 봐요	

쓰기

즐겁게 글쓰기 도전!	내 필통에 이름을 붙여 준다면 _____ 라고 부를래요.

생활

인사했나요?	기상 ☐ 등교 ☐ 식사 ☐ 하교 ☐ 잠자리 ☐
스스로 했어요!	정리 방 ☐ 책상 ☐ 옷 ☐ 신발 ☐
	운동 종목 _____ (분/시간)
지켰어요!	스마트폰 ____ 분 ☐ 컴퓨터 ____ 분 ☐

마음

나를 칭찬해요!	
정말 감사해요!	
점검	공부 ☐ 독서 ☐ 쓰기 ☐ 생활 ☐ 마음 ☐

매일 활동

오늘은　　년　　월　　일　　요일입니다.

공부

과목	오늘, 무엇을 공부해 볼까요?	✓

독서

- **책 제목은요?**
- **얼마나 읽었나요?** 📑 (　　쪽)　🕐 (　　분/시간)
- **가장 재미있는 책 속 한 줄 찾아 써 봐요**

쓰기

- **즐겁게 글쓰기 도전!**
  내 별명 중 가장 듣기 좋았던 별명은
  _____ 랍니다.

생활

- **인사했나요?** 기상 ☐　등교 ☐　식사 ☐　하교 ☐　잠자리 ☐
- **스스로 했어요!**
  - 정리　방 ☐　책상 ☐　옷 ☐　신발 ☐
  - 운동　종목 _____　🕐 (　　분/시간)
- **지켰어요!** 스마트폰 ___분 ☐　컴퓨터 ___분 ☐

마음

- **나를 칭찬해요!**
- **정말 감사해요!**

점검　공부 ☐　독서 ☐　쓰기 ☐　생활 ☐　마음 ☐

 **매일 활동**   오늘은   년   월   일   요일입니다.

 공부	과목	오늘, 무엇을 공부해 볼까요?	✓

 독서	책 제목은요?	
	얼마나 읽었나요?	(쪽) (분/시간)
	가장 재미있는 책 속 한 줄 찾아 써 봐요	

쓰기	즐겁게 글쓰기 도전!	영화를 만들게 된다면 제목은 _____ 라고 지을 거예요.

 생활	인사했나요?	기상 ☐ 등교 ☐ 식사 ☐ 하교 ☐ 잠자리 ☐
	스스로 했어요!	정리 방 ☐ 책상 ☐ 옷 ☐ 신발 ☐
		운동 종목 _____ (분/시간)
	지켰어요!	스마트폰 ____ 분 ☐ 컴퓨터 ____ 분 ☐

마음	나를 칭찬해요!	
	정말 감사해요!	
	점검	공부 ☐ 독서 ☐ 쓰기 ☐ 생활 ☐ 마음 ☐

매일 활동

오늘은　　　년　　　월　　　일　　　요일입니다.

공부

과목	오늘, 무엇을 공부해 볼까요?	✓

독서

책 제목은요?	
얼마나 읽었나요?	▌(　　　쪽)　　🕐(　　　분/시간)
가장 재미있는 책 속 한 줄 찾아 써 봐요	

쓰기

즐겁게 글쓰기 도전!	지금껏 가장 부끄러웠던 순간은 _____ 할 때였어요.

생활

인사했나요?	기상☐　등교☐　식사☐　하교☐　잠자리☐
스스로 했어요!	정리 — 방☐ 책상☐ 옷☐ 신발☐ 운동 — 종목_____ 🕐(　　분/시간)
지켰어요!	스마트폰 ___분☐　　컴퓨터 ___분☐

마음

나를 칭찬해요!	
정말 감사해요!	
점검	공부☐　독서☐　쓰기☐　생활☐　마음☐

78

주말 미션 오늘은   년   월   ~   일 토요일~일요일

네모 상자 체크해요

1단계

월요일부터 금요일까지 점검표에 체크하지 못한 영역이 있다면, 주말이라는 절호의 기회를 놓치지 마세요.
모든 영역을 완료하면 **하루에 선물을 두 개씩** 받을 수 있거든요.
부족한 부분을 채울 마지막 기회를 놓치지 마세요!

잘했는지 점검해 보아요

2단계

이번 한 주 간의 선물 상자를 받을 시간!
모든 습관을 익혔다면 하루에 **선물 상자 2개를** 색칠해요.
하지만 한 가지라도 안 했다면 **선물 상자는 1개만** 색칠할 수 있어요.

다섯 가지 습관 모두 지켰나요?	선물 상자
월요일	🎁 🎁
화요일	🎁 🎁
수요일	🎁 🎁
목요일	🎁 🎁
금요일	🎁 🎁

이번 주에 색칠한 선물 상자   개

 주말 미션

3단계

선물 상자 더 받고 싶어요!

오직 주말에만 할 수 있는 특별한 행운 미션이 있어요.
내가 정한 나의 미션 한 가지와 부모님께서 정해 주시는 미션 한 가지.
각각의 미션을 달성하면 1개씩의 선물 상자를 또! 얻게 됩니다.
미션을 달성하고 아래의 선물 상자를 색칠해 보세요!

미션	주말 행운 미션	선물 상자
미션 1	(나)	
미션 2	(부모님)	

선물 상자 몇 개예요?

이번 주에 색칠한 선물 상자	지금까지의 선물 상자 총 개수	부모님 확인
개	개	

부모님 확인을 마치면 **185쪽**부터 시작되는 스티커판에 가서
이번 주에 색칠한 선물 상자만큼 스티커를 붙여요.
스티커 **10개**를 모을 때 마다 쿠폰을 받을 수 있어요.
★ 스티커는 맨 뒷장에 있답니다! ★

이번 주의 중요한 일

이번 한 주 동안 기억해야 할 중요한 일정이 있나요?
혹은 반드시 해야 할 숙제, 공부, 독서가 있나요?
또, 가족이나 친구와 한 약속이 있나요?
기록해 두고 기억하면서 실천으로 옮겨 보아요.

넷째 주

_____월 _____일 ~ _____월 _____일

요일	어떤 일정인가요?	지켰나요?
월		✓
화		✓
수		✓
목		✓
금		✓
토		✓
일		✓

매일 활동   오늘은   년   월   일   요일입니다.

공부

과목	오늘, 무엇을 공부해 볼까요?	✓

독서

책 제목은요?	
얼마나 읽었나요?	🔖 (쪽) 🕐 (분/시간)
가장 재미있는 책 속 한 줄 찾아 써 봐요	

쓰기

즐겁게 글쓰기 도전!	가장 좋아하는 자동차는 _____ 색 _____ 입니다.

생활

인사했나요?	기상 ☐ 등교 ☐ 식사 ☐ 하교 ☐ 잠자리 ☐
스스로 했어요!	정리 방 ☐ 책상 ☐ 옷 ☐ 신발 ☐
	운동 종목 _____ 🕐 (분/시간)
지켰어요!	스마트폰 ____ 분 ☐ 컴퓨터 ____ 분 ☐

마음

나를 칭찬해요!	
정말 감사해요!	
점검	공부 ☐ 독서 ☐ 쓰기 ☐ 생활 ☐ 마음 ☐

 **매일 활동** 오늘은   년   월   일   요일입니다.

 **공부**

과목	오늘, 무엇을 공부해 볼까요?	✓

 **독서**

책 제목은요?	
얼마나 읽었나요?	(쪽) (분/시간)
가장 재미있는 책 속 한 줄 찾아 써 봐요	

 **쓰기**

즐겁게 글쓰기 도전!	최근에 읽은 책 중 가장 기억에 남는 책 제목은 _____ 랍니다.

 **생활**

인사했나요?	기상 ☐ 등교 ☐ 식사 ☐ 하교 ☐ 잠자리 ☐
스스로 했어요!	정리 방 ☐ 책상 ☐ 옷 ☐ 신발 ☐
	운동 종목 _____ 🕐 (분/시간)
지켰어요!	스마트폰 ____ 분 ☐ 컴퓨터 ____ 분 ☐

마음

나를 칭찬해요!	
정말 감사해요!	
점검	공부 ☐ 독서 ☐ 쓰기 ☐ 생활 ☐ 마음 ☐

매일 활동   오늘은　　년　　월　　일　　요일입니다.

공부

과목	오늘, 무엇을 공부해 볼까요?	✓

독서

책 제목은요?	
얼마나 읽었나요?	🔖 (　　쪽)　🕐 (　　분/시간)
가장 재미있는 책 속 한 줄 찾아 써 봐요	

쓰기

즐겁게 글쓰기 도전!	요즘 나의 최고의 취미는 ＿＿＿＿ 에서 ＿＿＿＿ 하는 거예요.

생활

인사했나요?	기상☐　등교☐　식사☐　하교☐　잠자리☐
스스로 했어요!	정리　　방☐　책상☐　옷☐　신발☐ 운동　종목＿＿＿＿　🕐 (　　분/시간)
지켰어요!	스마트폰 ＿＿분 ☐　　컴퓨터 ＿＿분 ☐

마음

나를 칭찬해요!	
정말 감사해요!	
점검	공부☐　독서☐　쓰기☐　생활☐　마음☐

매일 활동

오늘은 　　　년 　　　월 　　　일 　　　요일입니다.

공부

과목	오늘, 무엇을 공부해 볼까요?	✓

독서

책 제목은요?	
얼마나 읽었나요?	🔖 (　　　쪽)　🕐 (　　　분/시간)
가장 재미있는 책 속 한 줄 찾아 써 봐요	

쓰기

즐겁게 글쓰기 도전!	지금껏 내 인생 최고의 여행지는 ＿＿＿＿＿＿＿＿＿＿ 입니다.

생활

인사했나요?	기상 ☐　등교 ☐　식사 ☐　하교 ☐　잠자리 ☐
스스로 했어요!	정리　　방 ☐　책상 ☐　옷 ☐　신발 ☐
	운동　종목 ＿＿＿＿＿　🕐 (　　　분/시간)
지켰어요!	스마트폰 ＿＿ 분 ☐　　컴퓨터 ＿＿ 분 ☐

마음

나를 칭찬해요!	
정말 감사해요!	
점검	공부 ☐　독서 ☐　쓰기 ☐　생활 ☐　마음 ☐

매일 활동

오늘은　　년　　월　　일　　요일입니다.

공부

과목	오늘, 무엇을 공부해 볼까요?	✓

독서

책 제목은요?	
얼마나 읽었나요?	🔖 (　　쪽)　🕐 (　　분/시간)
가장 재미있는 책 속 한 줄 찾아 써 봐요	

쓰기

즐겁게 글쓰기 도전!	꼭 한번 배우고 싶은 악기는 _____ 랍니다.

생활

인사했나요?	기상☐　등교☐　식사☐　하교☐　잠자리☐
스스로 했어요!	정리　방☐　책상☐　옷☐　신발☐ 운동　종목 _____　🕐 (　분/시간)
지켰어요!	스마트폰 ___분☐　　컴퓨터 ___분☐

마음

나를 칭찬해요!	
정말 감사해요!	
점검	공부☐　독서☐　쓰기☐　생활☐　마음☐

주말 미션

오늘은   년   월 ~   일 토요일 ~ 일요일

네모 상자 체크해요

1단계

월요일부터 금요일까지 점검표에 체크하지 못한 영역이 있다면, 주말이라는 절호의 기회를 놓치지 마세요.
모든 영역을 완료하면 **하루에 선물을 두 개씩** 받을 수 있거든요.
부족한 부분을 채울 마지막 기회를 놓치지 마세요!

잘했는지 점검해 보아요

2단계

이번 한 주 간의 선물 상자를 받을 시간!
모든 습관을 익혔다면 하루에 **선물 상자 2개**를 색칠해요.
하지만 한 가지라도 안 했다면 **선물 상자는 1개만** 색칠할 수 있어요.

다섯 가지 습관 모두 지켰나요?	선물 상자
월요일	🎁 🎁
화요일	🎁 🎁
수요일	🎁 🎁
목요일	🎁 🎁
금요일	🎁 🎁
이번 주에 색칠한 선물 상자	_____ 개

주말 미션

3단계 — 선물 상자 더 받고 싶어요!

오직 주말에만 할 수 있는 특별한 행운 미션이 있어요.
내가 정한 나의 미션 한 가지와 부모님께서 정해 주시는 미션 한 가지.
각각의 미션을 달성하면 1개씩의 선물 상자를 또! 얻게 됩니다.
미션을 달성하고 아래의 선물 상자를 색칠해 보세요!

미션	주말 행운 미션	선물 상자
미션 1	(나)	🎁
미션 2	(부모님)	🎁

선물 상자 몇 개예요?

이번 주에 색칠한 선물 상자	지금까지의 선물 상자 총 개수	부모님 확인
개	개	

부모님 확인을 마치면 **185쪽**부터 시작되는 스티커판에 가서
이번 주에 색칠한 선물 상자만큼 스티커를 붙여요.
스티커 **10개**를 모을 때마다 쿠폰을 받을 수 있어요.
★ 스티커는 맨 뒷장에 있답니다! ★

이번 주의 중요한 일

이번 한 주 동안 기억해야 할 중요한 일정이 있나요?
혹은 반드시 해야 할 숙제, 공부, 독서가 있나요?
또, 가족이나 친구와 한 약속이 있나요?
기록해 두고 기억하면서 실천으로 옮겨 보아요.

다섯째 주

_____ 월 _____ 일 ~ _____ 월 _____ 일

요일	어떤 일정인가요?	지켰나요?
월		✓
화		✓
수		✓
목		✓
금		✓
토		✓
일		✓

매일 활동

오늘은   년   월   일   요일입니다.

공부

과목	오늘, 무엇을 공부해 볼까요?	✓

독서

책 제목은요?	
얼마나 읽었나요?	🔖 (쪽) 🕐 (분/시간)
가장 재미있는 책 속 한 줄 찾아 써 봐요	

쓰기

즐겁게 글쓰기 도전!	어른이 되었을 때 나는 _____ 한 어른이 되고 싶어요.

생활

인사했나요?	기상 ☐ 등교 ☐ 식사 ☐ 하교 ☐ 잠자리 ☐
스스로 했어요!	정리 방 ☐ 책상 ☐ 옷 ☐ 신발 ☐
	운동 종목 _____ 🕐 (분/시간)
지켰어요!	스마트폰 _____ 분 ☐ 컴퓨터 _____ 분 ☐

마음

나를 칭찬해요!	
정말 감사해요!	

점검	공부 ☐ 독서 ☐ 쓰기 ☐ 생활 ☐ 마음 ☐

 **매일 활동**   오늘은   년   월   일   요일입니다.

공부

과목	오늘, 무엇을 공부해 볼까요?	✓

독서

책 제목은요?	
얼마나 읽었나요?	🔖 (쪽) 🕐 (분/시간)
가장 재미있는 책 속 한 줄 찾아 써 봐요	

쓰기

즐겁게 글쓰기 도전!	다시 태어난다면 _____ 가 되고 싶어요.

생활

인사했나요?	기상 ☐ 등교 ☐ 식사 ☐ 하교 ☐ 잠자리 ☐
스스로 했어요!	정리 방 ☐ 책상 ☐ 옷 ☐ 신발 ☐
	운동 종목 _____ 🕐 (분/시간)
지켰어요!	스마트폰 ____ 분 ☐ 컴퓨터 ____ 분 ☐

마음

나를 칭찬해요!	
정말 감사해요!	
점검	공부 ☐ 독서 ☐ 쓰기 ☐ 생활 ☐ 마음 ☐

매일 활동

오늘은　　　년　　　월　　　일　　　요일입니다.

공부

과목	오늘, 무엇을 공부해 볼까요?	✓

독서

책 제목은요?	
얼마나 읽었나요?	🔖 (　　　쪽)　　🕐 (　　　분/시간)
가장 재미있는 책 속 한 줄 찾아 써 봐요	

쓰기

즐겁게 글쓰기 도전!	동물로 다시 태어날 수 있다면 나는 _____ 로 태어날 거예요.

생활

인사했나요?	기상 ☐　등교 ☐　식사 ☐　하교 ☐　잠자리 ☐
스스로 했어요!	정리　　방 ☐　책상 ☐　옷 ☐　신발 ☐ 운동　종목 _____　🕐 (　　분/시간)
지켰어요!	스마트폰 ____ 분 ☐　　컴퓨터 ____ 분 ☐

마음

나를 칭찬해요!	
정말 감사해요!	

점검	공부 ☐　독서 ☐　쓰기 ☐　생활 ☐　마음 ☐

매일 활동

오늘은   년   월   일   요일입니다.

공부
과목	오늘, 무엇을 공부해 볼까요?	✓

독서
책 제목은요?	
얼마나 읽었나요?	🔖 (쪽) 🕐 (분/시간)
가장 재미있는 책 속 한 줄 찾아 써 봐요	

쓰기
즐겁게 글쓰기 도전!	문어가 _____ 와 결혼한다면 오래오래 행복하게 잘 살 것 같아요.

생활
인사했나요?	기상 ☐ 등교 ☐ 식사 ☐ 하교 ☐ 잠자리 ☐
스스로 했어요!	정리 │ 방 ☐ 책상 ☐ 옷 ☐ 신발 ☐
	운동 │ 종목 _____ 🕐 (분/시간)
지켰어요!	스마트폰 분 ☐ 컴퓨터 분 ☐

마음
나를 칭찬해요!	
정말 감사해요!	
점검	공부 ☐ 독서 ☐ 쓰기 ☐ 생활 ☐ 마음 ☐

매일 활동

오늘은   년   월   일   요일입니다.

공부

과목	오늘, 무엇을 공부해 볼까요?	✓

독서

책 제목은요?	
얼마나 읽었나요?	🔖 (쪽) 🕐 (분/시간)
가장 재미있는 책 속 한 줄 찾아 써 봐요	

쓰기

즐겁게 글쓰기 도전!	내가 유튜브 채널을 만든다면 채널 이름은 _____ 라고 지을 거예요.

생활

인사했나요?	기상 ☐ 등교 ☐ 식사 ☐ 하교 ☐ 잠자리 ☐
스스로 했어요!	정리 ┃ 방 ☐ 책상 ☐ 옷 ☐ 신발 ☐
	운동 ┃ 종목 _____ 🕐 (분/시간)
지켰어요!	스마트폰 ____ 분 ☐ 컴퓨터 ____ 분 ☐

마음

나를 칭찬해요!	
정말 감사해요!	
점검	공부 ☐ 독서 ☐ 쓰기 ☐ 생활 ☐ 마음 ☐

주말 미션

오늘은   년   월   ~   일 토요일 ~ 일요일

네모 상자 체크해요

1단계

월요일부터 금요일까지 점검표에 체크하지 못한 영역이 있다면, 주말이라는 절호의 기회를 놓치지 마세요.
모든 영역을 완료하면 하루에 선물을 두 개씩 받을 수 있거든요.
부족한 부분을 채울 마지막 기회를 놓치지 마세요!

잘했는지 점검해 보아요

2단계

이번 한 주 간의 선물 상자를 받을 시간!
모든 습관을 익혔다면 하루에 선물 상자 2개를 색칠해요.
하지만 한 가지라도 안 했다면 선물 상자는 1개만 색칠할 수 있어요.

다섯 가지 습관 모두 지켰나요?	선물 상자
월요일	🎁 🎁
화요일	🎁 🎁
수요일	🎁 🎁
목요일	🎁 🎁
금요일	🎁 🎁
이번 주에 색칠한 선물 상자	개

 주말 미션

 3단계

선물 상자 더 받고 싶어요!

오직 주말에만 할 수 있는 특별한 행운 미션이 있어요.
내가 정한 나의 미션 한 가지와 부모님께서 정해 주시는 미션 한 가지.
각각의 미션을 달성하면 1개씩의 선물 상자를 또! 얻게 됩니다.
미션을 달성하고 아래의 선물 상자를 색칠해 보세요!

미션	주말 행운 미션	선물 상자
미션 1	(나)	
미션 2	(부모님)	

선물 상자 몇 개예요?

이번 주에 색칠한 선물 상자	지금까지의 선물 상자 총 개수	부모님 확인
개	개	

부모님 확인을 마치면 **185쪽**부터 시작되는 스티커판에 가서
이번 주에 색칠한 선물 상자만큼 스티커를 붙여요.
스티커 **10개**를 모을 때 마다 쿠폰을 받을 수 있어요.

★ 스티커는 맨 뒷장에 있답니다! ★

몇 월인가요?

이번 달 일정

일요일	월요일	화요일

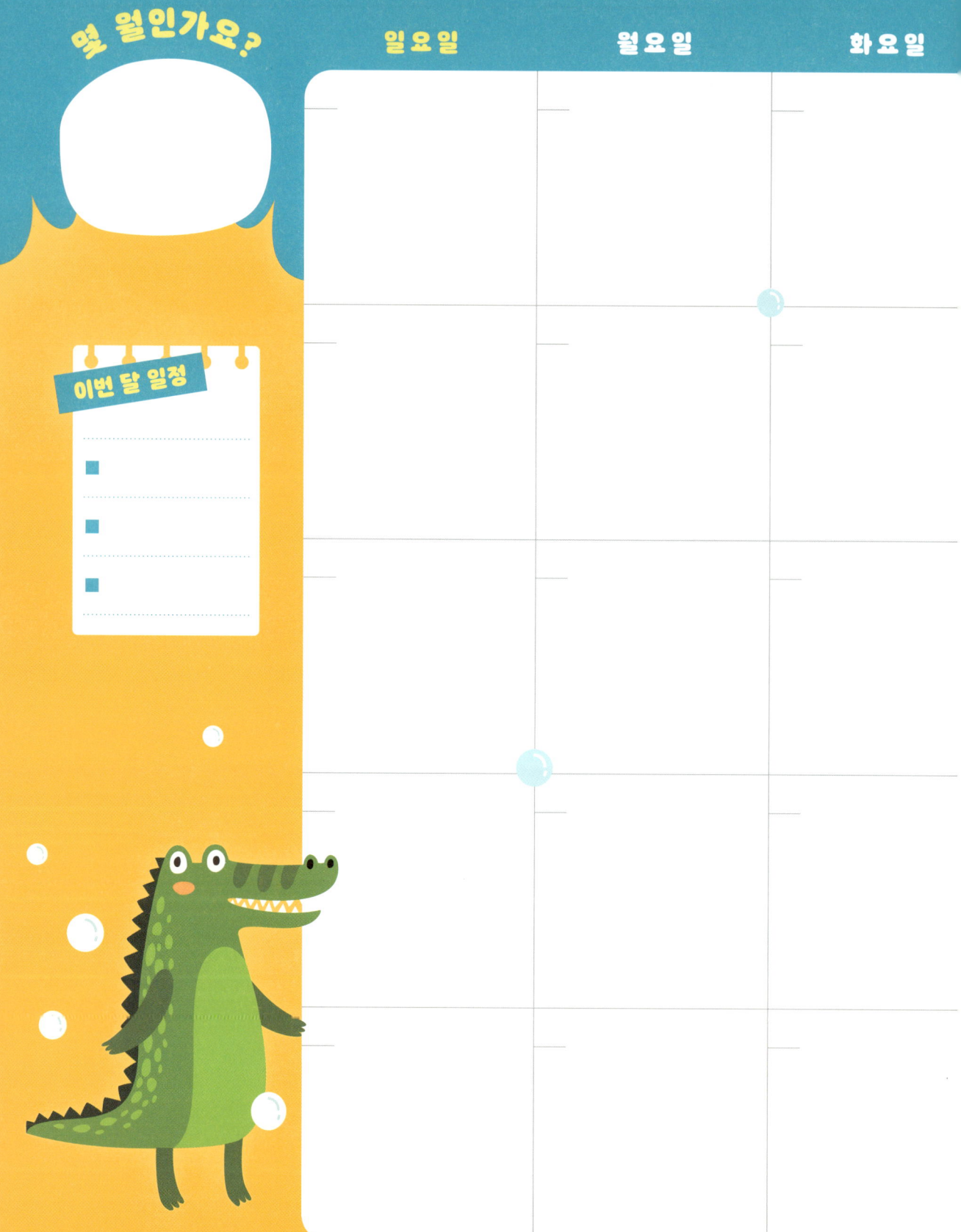

| 수요일 | 목요일 | 금요일 | 토요일 |

이번 달의 목표 습관

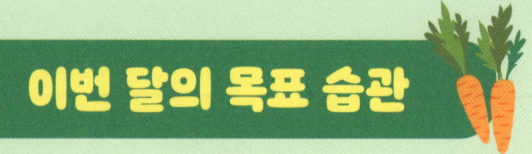

'습관 익힘책'과 함께 습관을 만들어 가는 이번 달, 꼭 만들고 싶은 습관이 있나요?

마음속으로만 생각하지 말고 하나씩 꺼내어 적어 보세요.

도전해 보자고요!

그리고 큰 소리로 읽어 보세요. 반드시 이루어 낼 수 있을 거예요.

_____ 월에 도전할 다섯 가지 멋진 습관

종류	어떤 습관인가요?	지켰나요?
공부		✓
독서		✓
쓰기		✓
생활		✓
마음		✓

이번 주의 중요한 일

이번 한 주 동안 기억해야 할 중요한 일정이 있나요?
혹은 반드시 해야 할 숙제, 공부, 독서가 있나요?
또, 가족이나 친구와 한 약속이 있나요?
기록해 두고 기억하면서 실천으로 옮겨 보아요.

첫째 주

_____월 _____일 ~ _____월 _____일

요일	어떤 일정인가요?	지켰나요?
월		✓
화		✓
수		✓
목		✓
금		✓
토		✓
일		✓

매일 활동

오늘은　　　년　　　월　　　일　　　요일입니다.

공부	과목	오늘, 무엇을 공부해 볼까요?	✓

독서	책 제목은요?	
	얼마나 읽었나요?	🔖 (　　　쪽)　🕐 (　　　분/시간)
	가장 재미있는 책 속 한 줄 찾아 써 봐요	

쓰기	즐겁게 글쓰기 도전!	가수의 공연을 보러 갈 수 있다면 당연히 _____ 의 공연이죠!

생활	인사했나요?	기상 ☐　등교 ☐　식사 ☐　하교 ☐　잠자리 ☐
	스스로 했어요!	정리　　방 ☐　책상 ☐　옷 ☐　신발 ☐
		운동　종목 _____　🕐 (　　　분/시간)
	지켰어요!	스마트폰 ____ 분 ☐　　컴퓨터 ____ 분 ☐

마음	나를 칭찬해요!	
	정말 감사해요!	

	점검	공부 ☐　독서 ☐　쓰기 ☐　생활 ☐　마음 ☐

매일 활동

오늘은 　　　년 　　　월 　　　일 　　　요일입니다.

공부

과목	오늘, 무엇을 공부해 볼까요?	✓

독서

책 제목은요?	
얼마나 읽었나요?	🔖 (　　　쪽)　　🕐 (　　　분/시간)
가장 재미있는 책 속 한 줄 찾아 써 봐요	

쓰기

즐겁게 글쓰기 도전!	책가방을 다시 산다면 _____ 색 책가방을 고를 거예요.

생활

인사했나요?	기상 ☐　등교 ☐　식사 ☐　하교 ☐　잠자리 ☐
스스로 했어요!	정리　　방 ☐　책상 ☐　옷 ☐　신발 ☐
	운동　종목 _____　🕐 (　　분/시간)
지켰어요!	스마트폰 ____ 분 ☐　　컴퓨터 ____ 분 ☐

마음

나를 칭찬해요!	
정말 감사해요!	

점검	공부 ☐　독서 ☐　쓰기 ☐　생활 ☐　마음 ☐

매일 활동   오늘은   년   월   일   요일입니다.

공부

과목	오늘, 무엇을 공부해 볼까요?	✓

독서

- 책 제목은요?
- 얼마나 읽었나요? ▰ (쪽)   🕐 (분/시간)
- 가장 재미있는 책 속 한 줄 찾아 써 봐요

쓰기

즐겁게 글쓰기 도전!

빵집에서 한 가지 빵만 고를 수 있다면 당연히 _____ 빵입니다.

생활

- 인사했나요?   기상☐   등교☐   식사☐   하교☐   잠자리☐
- 스스로 했어요!
  - 정리   방☐   책상☐   옷☐   신발☐
  - 운동   종목 _____   🕐 (분/시간)
- 지켰어요!   스마트폰 ___ 분☐   컴퓨터 ___ 분☐

마음

- 나를 칭찬해요!
- 정말 감사해요!

점검   공부☐   독서☐   쓰기☐   생활☐   마음☐

매일 활동

오늘은　　년　　월　　일　　요일입니다.

공부

| 과목 | 오늘, 무엇을 공부해 볼까요? | ✓ |

독서

- 책 제목은요?
- 얼마나 읽었나요?　🔖 (　　쪽)　🕐 (　　분/시간)
- 가장 재미있는 책 속 한 줄 찾아 써 봐요

쓰기

즐겁게 글쓰기 도전!

닭으로 만든 요리 중 최고는 뭐니 뭐니 해도

_____ 죠!

생활

- 인사했나요?　기상 ☐　등교 ☐　식사 ☐　하교 ☐　잠자리 ☐
- 스스로 했어요!
  - 정리　　방 ☐　책상 ☐　옷 ☐　신발 ☐
  - 운동　종목 _____　🕐 (　　분/시간)
- 지켰어요!　스마트폰 ___ 분 ☐　컴퓨터 ___ 분 ☐

마음

- 나를 칭찬해요!
- 정말 감사해요!
- 점검　공부 ☐　독서 ☐　쓰기 ☐　생활 ☐　마음 ☐

매일 활동

오늘은   년   월   일   요일입니다.

공부

과목	오늘, 무엇을 공부해 볼까요?	✓

독서

책 제목은요?	
얼마나 읽었나요?	🔖 (쪽) 🕐 (분/시간)
가장 재미있는 책 속 한 줄 찾아 써 봐요	

쓰기

즐겁게 글쓰기 도전!	돌잔치를 다시 한다면 _____ 를 잡고 싶어요.

생활

인사했나요?	기상 ☐ 등교 ☐ 식사 ☐ 하교 ☐ 잠자리 ☐
스스로 했어요!	정리 방 ☐ 책상 ☐ 옷 ☐ 신발 ☐
	운동 종목 _____ 🕐 (분/시간)
지켰어요!	스마트폰 ____ 분 ☐ 컴퓨터 ____ 분 ☐

마음

나를 칭찬해요!	
정말 감사해요!	
점검	공부 ☐ 독서 ☐ 쓰기 ☐ 생활 ☐ 마음 ☐

주말 미션 　오늘은　　　　년　　　　월　　~　　　일 토요일~일요일

네모 상자 체크해요

1단계

월요일부터 금요일까지 점검표에 체크하지 못한 영역이 있다면,
주말이라는 절호의 기회를 놓치지 마세요.
모든 영역을 완료하면 하루에 선물을 두 개씩 받을 수 있거든요.
부족한 부분을 채울 마지막 기회를 놓치지 마세요!

잘했는지 점검해 보아요

2단계

이번 한 주 간의 선물 상자를 받을 시간!
모든 습관을 익혔다면 하루에 선물 상자 2개를 색칠해요.
하지만 한 가지라도 안 했다면 선물 상자는 1개만 색칠할 수 있어요.

다섯 가지 습관 모두 지켰나요?	선물 상자
월요일	🎁 🎁
화요일	🎁 🎁
수요일	🎁 🎁
목요일	🎁 🎁
금요일	🎁 🎁
이번 주에 색칠한 선물 상자	개

107

3단계

선물 상자 더 받고 싶어요!

오직 주말에만 할 수 있는 특별한 행운 미션이 있어요.
내가 정한 나의 미션 한 가지와 부모님께서 정해 주시는 미션 한 가지.
각각의 미션을 달성하면 1개씩의 선물 상자를 또! 얻게 됩니다.
미션을 달성하고 아래의 선물 상자를 색칠해 보세요!

미션	주말 행운 미션	선물 상자
미션 1	(나)	
미션 2	(부모님)	

선물 상자 몇 개예요?

이번 주에 색칠한 선물 상자	지금까지의 선물 상자 총 개수	부모님 확인
개	개	

부모님 확인을 마치면 185쪽부터 시작되는 스티커판에 가서
이번 주에 색칠한 선물 상자만큼 스티커를 붙여요.
스티커 10개를 모을 때 마다 쿠폰을 받을 수 있어요.
★ 스티커는 맨 뒷장에 있답니다! ★

이번 주의 중요한 일

이번 한 주 동안 기억해야 할 중요한 일정이 있나요?
혹은 반드시 해야 할 숙제, 공부, 독서가 있나요?
또, 가족이나 친구와 한 약속이 있나요?
기록해 두고 기억하면서 실천으로 옮겨 보아요.

둘째 주

_____월 _____일 ~ _____월 _____일

요일	어떤 일정인가요?	지켰나요?
월		✓
화		✓
수		✓
목		✓
금		✓
토		✓
일		✓

 **매일 활동**   오늘은   년   월   일   요일입니다.

공부
| 과목 | 오늘, 무엇을 공부해 볼까요? | ✓ |

독서
- 책 제목은요?
- 얼마나 읽었나요?   ▌(쪽)   🕐(분/시간)
- 가장 재미있는 책 속 한 줄 찾아 써 봐요

쓰기
- 즐겁게 글쓰기 도전!

  우리 집 밥솥의 이름은 _____ 입니다.

생활
- 인사했나요? 기상☐ 등교☐ 식사☐ 하교☐ 잠자리☐
- 스스로 했어요!
  - 정리   방☐ 책상☐ 옷☐ 신발☐
  - 운동 종목 _____   🕐(분/시간)
- 지켰어요! 스마트폰 ____분☐   컴퓨터 ____분☐

마음
- 나를 칭찬해요!
- 정말 감사해요!
- 점검   공부☐ 독서☐ 쓰기☐ 생활☐ 마음☐

 **매일 활동** 오늘은   년   월   일   요일입니다.

 **공부**	과목	오늘, 무엇을 공부해 볼까요?	✓

 **독서**	책 제목은요?
	얼마나 읽었나요? (쪽) 🕐 (분/시간)
	가장 재미있는 책 속 한 줄 찾아 써 봐요

 **쓰기**	즐겁게 글쓰기 도전! 부모님께 드리고 싶은 선물은  입니다.

 **생활**	인사했나요? 기상 ☐ 등교 ☐ 식사 ☐ 하교 ☐ 잠자리 ☐
	스스로 했어요! 정리 방 ☐ 책상 ☐ 옷 ☐ 신발 ☐
	운동 종목 _____ 🕐 (분/시간)
	지켰어요! 스마트폰 ___ 분 ☐ 컴퓨터 ___ 분 ☐

마음	나를 칭찬해요!
	정말 감사해요!
	짐김 공부 ☐ 독서 ☐ 쓰기 ☐ 생활 ☐ 마음 ☐ 

111

매일 활동 오늘은　　년　　월　　일　　요일입니다.

공부
과목	오늘, 무엇을 공부해 볼까요?	✓

독서
- 책 제목은요?
- 얼마나 읽었나요?　🔖(　　쪽)　🕐(　　분/시간)
- 가장 재미있는 책 속 한 줄 찾아 써 봐요

쓰기
- 즐겁게 글쓰기 도전!

내년에 동생이 태어난다면 이름은 _____ 로 짓고 싶어요.

생활
- 인사했나요?　기상☐　등교☐　식사☐　하교☐　잠자리☐
- 스스로 했어요!
  - 정리　방☐　책상☐　옷☐　신발☐
  - 운동　종목 _____　🕐(　　분/시간)
- 지켰어요!　스마트폰 ____ 분☐　컴퓨터 ____ 분☐

마음
- 나를 칭찬해요!
- 정말 감사해요!

점검　공부☐　독서☐　쓰기☐　생활☐　마음☐

112

매일 활동

오늘은   년   월   일   요일입니다.

공부

과목	오늘, 무엇을 공부해 볼까요?	✓

독서

책 제목은요?	
얼마나 읽었나요?	▐ (쪽) 🕐 (분/시간)
가장 재미있는 책 속 한 줄 찾아 써 봐요	

쓰기

즐겁게 글쓰기 도전!	우리 집에 마당이 있다면 _____ 를 심을 거예요.

생활

인사했나요?	기상 ☐ 등교 ☐ 식사 ☐ 하교 ☐ 잠자리 ☐
스스로 했어요!	정리 | 방 ☐ 책상 ☐ 옷 ☐ 신발 ☐
	운동 종목 _____ 🕐 (분/시간)
지켰어요!	스마트폰 _____ 분 ☐ 컴퓨터 _____ 분 ☐

마음

나를 칭찬해요!	
정말 감사해요!	
점검	공부 ☐ 독서 ☐ 쓰기 ☐ 생활 ☐ 마음 ☐

주말 미션 오늘은   년   월   ~   일 토요일 ~ 일요일

네모 상자 체크해요

1단계

월요일부터 금요일까지 점검표에 체크하지 못한 영역이 있다면,
주말이라는 절호의 기회를 놓치지 마세요.
모든 영역을 완료하면 **하루에 선물을 두 개씩** 받을 수 있거든요.
부족한 부분을 채울 마지막 기회를 놓치지 마세요!

잘했는지 점검해 보아요

2단계

이번 한 주 간의 선물 상자를 받을 시간!
모든 습관을 익혔다면 하루에 **선물 상자 2개**를 색칠해요.
하지만 한 가지라도 안 했다면 **선물 상자는 1개만** 색칠할 수 있어요.

다섯 가지 습관 모두 지켰나요?	선물 상자
월요일	🎁 🎁
화요일	🎁 🎁
수요일	🎁 🎁
목요일	🎁 🎁
금요일	🎁 🎁
이번 주에 색칠한 선물 상자	개

선물 상자 더 받고 싶어요!

오직 주말에만 할 수 있는 특별한 행운 미션이 있어요.
내가 정한 나의 미션 한 가지와 부모님께서 정해 주시는 미션 한 가지.
각각의 미션을 달성하면 1개씩의 선물 상자를 또! 얻게 됩니다.
미션을 달성하고 아래의 선물 상자를 색칠해 보세요!

미션	주말 행운 미션	선물 상자
미션 1	(나)	
미션 2	(부모님)	

선물 상자 몇 개예요?

이번 주에 색칠한 선물 상자	지금까지의 선물 상자 총 개수	부모님 확인
개	개	

부모님 확인을 마치면 **185쪽**부터 시작되는 스티커판에 가서
이번 주에 색칠한 선물 상자만큼 스티커를 붙여요.
스티커 **10개**를 모을 때 마다 쿠폰을 받을 수 있어요.
★ 스티커는 맨 뒷장에 있답니다! ★

이번 주의 중요한 일

이번 한 주 동안 기억해야 할 중요한 일정이 있나요?
혹은 반드시 해야 할 숙제, 공부, 독서가 있나요?
또, 가족이나 친구와 한 약속이 있나요?
기록해 두고 기억하면서 실천으로 옮겨 보아요.

셋째 주

_____월 _____일 ~ _____월 _____일

요일	어떤 일정인가요?	지켰나요?
월		✓
화		✓
수		✓
목		✓
금		✓
토		✓
일		✓

매일 활동

오늘은   년   월   일   요일입니다.

	과목	오늘, 무엇을 공부해 볼까요?	✓
공부			

독서

책 제목은요?	
얼마나 읽었나요?	(쪽) (분/시간)
가장 재미있는 책 속 한 줄 찾아 써 봐요	

쓰기

즐겁게 글쓰기 도전!	파프리카의 이름을 _____ 로 바꾸고 싶어요.

생활

인사했나요?	기상 ☐ 등교 ☐ 식사 ☐ 하교 ☐ 잠자리 ☐
스스로 했어요!	정리 — 방 ☐ 책상 ☐ 옷 ☐ 신발 ☐
	운동 종목 _____ 🕐 (분/시간)
지켰어요!	스마트폰 ____ 분 ☐ 컴퓨터 ____ 분 ☐

마음

나를 칭찬해요!	
정말 감사해요!	
점검	공부 ☐ 독서 ☐ 쓰기 ☐ 생활 ☐ 마음 ☐

매일 활동   오늘은   년   월   일   요일입니다.

공부
과목	오늘, 무엇을 공부해 볼까요?	✓

독서
책 제목은요?	
얼마나 읽었나요?	📖 (쪽) 🕐 (분/시간)
가장 재미있는 책 속 한 줄 찾아 써 봐요	

쓰기
즐겁게 글쓰기 도전!	나만의 햄버거를 만든다면 _____ 버거라고 할래요.

생활
인사했나요?	기상 ☐ 등교 ☐ 식사 ☐ 하교 ☐ 잠자리 ☐
스스로 했어요!	정리 방 ☐ 책상 ☐ 옷 ☐ 신발 ☐
	운동 종목 _____ 🕐 (분/시간)
지켰어요!	스마트폰 ____ 분 ☐ 컴퓨터 ____ 분 ☐

마음
나를 칭찬해요!	
정말 감사해요!	
점검	공부 ☐ 독서 ☐ 쓰기 ☐ 생활 ☐ 마음 ☐

 **매일 활동** 오늘은　　년　　월　　일　　요일입니다.

	과목	오늘, 무엇을 공부해 볼까요?	✓
공부			

독서	책 제목은요?	
	얼마나 읽었나요?	🔖 (　　쪽)　　🕐 (　　분/시간)
	가장 재미있는 책 속 한 줄 찾아 써 봐요	

쓰기	즐겁게 글쓰기 도전!	선물을 받을 수 있다면 ＿＿＿＿＿＿＿＿＿＿ 을 받고 싶어요.

생활	인사했나요?	기상☐　등교☐　식사☐　하교☐　잠자리☐
	스스로 했어요!	정리　　방☐　책상☐　옷☐　신발☐
		운동　종목＿＿＿＿＿　🕐 (　　분/시간)
	지켰어요!	스마트폰＿＿ 분☐　　컴퓨터＿＿ 분☐

마음	나를 칭찬해요!	
	정말 감사해요!	

	점검	공부☐　독서☐　쓰기☐　생활☐　마음☐

매일 활동

오늘은 　　　년 　　　월 　　　일 　　　요일입니다.

공부
과목	오늘, 무엇을 공부해 볼까요?	✓

독서
책 제목은요?	
얼마나 읽었나요?	🔖 (　　　쪽) 🕐 (　　　분/시간)
가장 재미있는 책 속 한 줄 찾아 써 봐요	

쓰기
즐겁게 글쓰기 도전!	파티에 초대된다면 　　　　　색의 　　　　　옷을 입고 갈 거예요.

생활
인사했나요?	기상 ☐ 등교 ☐ 식사 ☐ 하교 ☐ 잠자리 ☐
스스로 했어요!	정리 　　방 ☐ 책상 ☐ 옷 ☐ 신발 ☐ 운동 　종목 　　　　🕐 (　　분/시간)
지켰어요!	스마트폰 　　분 ☐ 　　컴퓨터 　　분 ☐

마음
나를 칭찬해요!	
정말 감사해요!	
짐검	공부 ☐ 독서 ☐ 쓰기 ☐ 생활 ☐ 마음 ☐

매일 활동 오늘은   년   월   일   요일입니다.

공부	과목	오늘, 무엇을 공부해 볼까요?	✓

독서
- 책 제목은요?
- 얼마나 읽었나요? 📑 (쪽)   🕐 (분/시간)
- 가장 재미있는 책 속 한 줄 찾아 써 봐요

쓰기
- 즐겁게 글쓰기 도전!
  친구와 단둘이 떠나는 여행은 _____ 로 가고 싶어요.

생활
- 인사했나요? 기상 ☐ 등교 ☐ 식사 ☐ 하교 ☐ 잠자리 ☐
- 스스로 했어요!
  - 정리   방 ☐ 책상 ☐ 옷 ☐ 신발 ☐
  - 운동   종목 _____   🕐 (분/시간)
- 지켰어요! 스마트폰 _____ 분 ☐   컴퓨터 _____ 분 ☐

마음
- 나를 칭찬해요!
- 정말 감사해요!

점검   공부 ☐   독서 ☐   쓰기 ☐   생활 ☐   마음 ☐

주말 미션   오늘은   년   월   ~   일   토요일 ~ 일요일

네모 상자 체크해요

1단계

월요일부터 금요일까지 점검표에 체크하지 못한 영역이 있다면, 주말이라는 절호의 기회를 놓치지 마세요.
모든 영역을 완료하면 **하루에 선물을 두 개씩** 받을 수 있거든요.
부족한 부분을 채울 마지막 기회를 놓치지 마세요!

잘했는지 점검해 보아요

2단계

이번 한 주 간의 선물 상자를 받을 시간!
모든 습관을 익혔다면 하루에 **선물 상자 2개**를 색칠해요.
하지만 한 가지라도 안 했다면 **선물 상자는 1개만** 색칠할 수 있어요.

다섯 가지 습관 모두 지켰나요?	선물 상자
월요일	🎁 🎁
화요일	🎁 🎁
수요일	🎁 🎁
목요일	🎁 🎁
금요일	🎁 🎁
이번 주에 색칠한 선물 상자	개

주말 미션

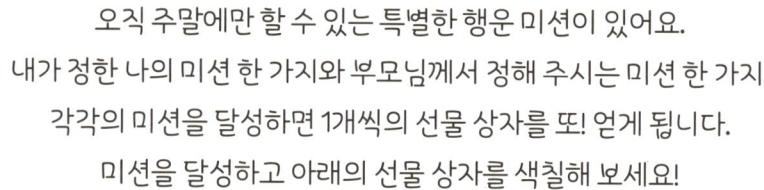

선물 상자 더 받고 싶어요!

3단계

오직 주말에만 할 수 있는 특별한 행운 미션이 있어요.
내가 정한 나의 미션 한 가지와 부모님께서 정해 주시는 미션 한 가지.
각각의 미션을 달성하면 1개씩의 선물 상자를 또! 얻게 됩니다.
미션을 달성하고 아래의 선물 상자를 색칠해 보세요!

미션	주말 행운 미션	선물 상자
미션 1	(나)	
미션 2	(부모님)	

선물 상자 몇 개예요?

이번 주에 색칠한 선물 상자	지금까지의 선물 상자 총 개수	부모님 확인
개	개	

부모님 확인을 마치면 185쪽부터 시작되는 스티커판에 가서
이번 주에 색칠한 선물 상자만큼 스티커를 붙여요.
스티커 10개를 모을 때 마다 쿠폰을 받을 수 있어요.
★ 스티커는 맨 뒷장에 있답니다! ★

이번 주의 중요한 일

이번 한 주 동안 기억해야 할 중요한 일정이 있나요?
혹은 반드시 해야 할 숙제, 공부, 독서가 있나요?
또, 가족이나 친구와 한 약속이 있나요?
기록해 두고 기억하면서 실천으로 옮겨 보아요.

넷째 주

_____월 _____일 ~ _____월 _____일

요일	어떤 일정인가요?	지켰나요?
월		✓
화		✓
수		✓
목		✓
금		✓
토		✓
일		✓

매일 활동

오늘은 　　　년 　　　월 　　　일 　　　요일입니다.

공부

과목	오늘, 무엇을 공부해 볼까요?	✓

독서

책 제목은요?	
얼마나 읽었나요?	🔖 (　　　쪽)　　🕐 (　　　분/시간)
가장 재미있는 책 속 한 줄 찾아 써 봐요	

쓰기

즐겁게 글쓰기 도전!	가장 기억에 남는 담임 선생님 성함은 ＿＿＿＿＿＿＿＿＿＿＿＿ 입니다.

생활

인사했나요?	기상 ☐　등교 ☐　식사 ☐　하교 ☐　잠자리 ☐
스스로 했어요!	정리　　방 ☐　책상 ☐　옷 ☐　신발 ☐
	운동　종목 ＿＿＿＿＿＿　🕐 (　　　분/시간)
지켰어요!	스마트폰 ＿＿＿ 분 ☐　　컴퓨터 ＿＿＿ 분 ☐

마음

나를 칭찬해요!	
정말 감사해요!	

점검	공부 ☐　독서 ☐　쓰기 ☐　생활 ☐　마음 ☐

 **매일 활동**   오늘은   년   월   일   요일입니다.

	과목	오늘, 무엇을 공부해 볼까요?	✓
공부			

 독서

책 제목은요?	
얼마나 읽었나요?	(쪽) (분/시간)
가장 재미있는 책 속 한 줄 찾아 써 봐요	

 쓰기

즐겁게 글쓰기 도전!	무지개의 색 순서를 .... 이렇게 바꾸고 싶어요.

 생활

인사했나요?	기상 ☐ 등교 ☐ 식사 ☐ 하교 ☐ 잠자리 ☐
스스로 했어요!	정리 방 ☐ 책상 ☐ 옷 ☐ 신발 ☐
	운동 종목 ....  (분/시간)
지켰어요!	스마트폰 .... 분 ☐ 컴퓨터 .... 분 ☐

 마음

나를 칭찬해요!	
정말 감사해요!	
점검	공부 ☐ 독서 ☐ 쓰기 ☐ 생활 ☐ 마음 ☐

매일 활동

오늘은   년   월   일   요일입니다.

공부
| 과목 | 오늘, 무엇을 공부해 볼까요? | ✓ |

독서
- 책 제목은요?
- 얼마나 읽었나요?   📑 (쪽)   🕐 (분/시간)
- 가장 재미있는 책 속 한 줄 찾아 써 봐요

쓰기
- 즐겁게 글쓰기 도전!
  지구 밖으로 나갈 수 있다면
  _____ 로 갈 거예요.

생활
- 인사했나요?   기상 ☐   등교 ☐   식사 ☐   하교 ☐   잠자리 ☐
- 스스로 했어요!
  - 정리: 방 ☐   책상 ☐   옷 ☐   신발 ☐
  - 운동   종목 _____   🕐 (분/시간)
- 지켰어요!   스마트폰 ____ 분 ☐   컴퓨터 ____ 분 ☐

마음
- 나를 칭찬해요!
- 정말 감사해요!

점검   공부 ☐   독서 ☐   쓰기 ☐   생활 ☐   마음 ☐

매일 활동

오늘은　　　년　　　월　　　일　　　요일입니다.

공부

과목	오늘, 무엇을 공부해 볼까요?	✓

독서

책 제목은요?	
얼마나 읽었나요?	🔖 (　　　쪽)　🕐 (　　　분/시간)
가장 재미있는 책 속 한 줄 찾아 써 봐요	

쓰기

즐겁게 글쓰기 도전!	올해, 엄마의 생일 선물은 ＿＿＿＿＿＿＿＿＿＿ 가 좋겠네요.

생활

인사했나요?	기상 ☐　등교 ☐　식사 ☐　하교 ☐　잠자리 ☐
스스로 했어요!	정리　　방 ☐　책상 ☐　옷 ☐　신발 ☐
	운동　종목 ＿＿＿＿　🕐 (　　　분/시간)
지켰어요!	스마트폰 ＿＿ 분 ☐　　컴퓨터 ＿＿ 분 ☐

마음

나를 칭찬해요!	
정말 감사해요!	
점검	공부 ☐　독서 ☐　쓰기 ☐　생활 ☐　마음 ☐

매일 활동

오늘은   년   월   일   요일입니다.

공부

과목	오늘, 무엇을 공부해 볼까요?	✓

독서

책 제목은요?	
얼마나 읽었나요?	🔖 (쪽) 🕐 (분/시간)
가장 재미있는 책 속 한 줄 찾아 써 봐요	

쓰기

즐겁게 글쓰기 도전!	절대 할 수 없을 것 같은 일은 바로 _____ 랍니다.

생활

인사했나요?	기상 ☐ 등교 ☐ 식사 ☐ 하교 ☐ 잠자리 ☐
스스로 했어요!	정리 방 ☐ 책상 ☐ 옷 ☐ 신발 ☐
	운동 종목 _____ 🕐 (분/시간)
지켰어요!	스마트폰 ____ 분 ☐ 컴퓨터 ____ 분 ☐

마음

나를 칭찬해요!	
정말 감사해요!	
점검	공부 ☐ 독서 ☐ 쓰기 ☐ 생활 ☐ 마음 ☐

주말 미션 오늘은   년   월   ~   일 토요일 ~ 일요일

네모 상자 체크해요

1단계

월요일부터 금요일까지 점검표에 체크하지 못한 영역이 있다면, 주말이라는 절호의 기회를 놓치지 마세요.
모든 영역을 완료하면 하루에 선물을 두 개씩 받을 수 있거든요.
부족한 부분을 채울 마지막 기회를 놓치지 마세요!

잘했는지 점검해 보아요

2단계

이번 한 주 간의 선물 상자를 받을 시간!
모든 습관을 익혔다면 하루에 선물 상자 2개를 색칠해요.
하지만 한 가지라도 안 했다면 선물 상자는 1개만 색칠할 수 있어요.

다섯 가지 습관 모두 지켰나요?	선물 상자
월요일	🎁 🎁
화요일	🎁 🎁
수요일	🎁 🎁
목요일	🎁 🎁
금요일	🎁 🎁
이번 주에 색칠한 선물 상자	개

 주말 미션

선물 상자 더 받고 싶어요!

 3단계

오직 주말에만 할 수 있는 특별한 행운 미션이 있어요.
내가 정한 나의 미션 한 가지와 부모님께서 정해 주시는 미션 한 가지.
각각의 미션을 달성하면 1개씩의 선물 상자를 또! 얻게 됩니다.
미션을 달성하고 아래의 선물 상자를 색칠해 보세요!

미션	주말 행운 미션	선물 상자
미션 1	(나)	
미션 2	(부모님)	

선물 상자 몇 개예요?

이번 주에 색칠한 선물 상자	지금까지의 선물 상자 총 개수	부모님 확인
개	개	

부모님 확인을 마치면 **185쪽**부터 시작되는 스티커판에 가서
이번 주에 색칠한 선물 상자만큼 스티커를 붙여요.
스티커 **10개**를 모을 때 마다 쿠폰을 받을 수 있어요.
★ 스티커는 맨 뒷장에 있답니다! ★

이번 주의 중요한 일

이번 한 주 동안 기억해야 할 중요한 일정이 있나요?
혹은 반드시 해야 할 숙제, 공부, 독서가 있나요?
또, 가족이나 친구와 한 약속이 있나요?
기록해 두고 기억하면서 실천으로 옮겨 보아요.

다섯째 주

_____월 _____일 ~ _____월 _____일

요일	어떤 일정인가요?	지켰나요?
월		✓
화		✓
수		✓
목		✓
금		✓
토		✓
일		✓

매일 활동

오늘은　　　년　　　월　　　일　　　요일입니다.

공부

과목	오늘, 무엇을 공부해 볼까요?	✓

독서

책 제목은요?	
얼마나 읽었나요?	📑 (　　　쪽)　　🕐 (　　　분/시간)
가장 재미있는 책 속 한 줄 찾아 써 봐요	

쓰기

즐겁게 글쓰기 도전!	나는 오늘 밤 _____ 에 관한 꿈을 꾸고 싶어요.

생활

인사했나요?	기상 ☐　등교 ☐　식사 ☐　하교 ☐　잠자리 ☐		
스스로 했어요!	정리	방 ☐　책상 ☐　옷 ☐　신발 ☐	
	운동	종목 _____	🕐 (　　분/시간)
지켰어요!	스마트폰 ____ 분 ☐		컴퓨터 ____ 분 ☐

마음

나를 칭찬해요!	
정말 감사해요!	

점검	공부 ☐　독서 ☐　쓰기 ☐　생활 ☐　마음 ☐

매일 활동   오늘은   년   월   일   요일입니다.

공부

과목	오늘, 무엇을 공부해 볼까요?	✓

독서

- 책 제목은요?
- 얼마나 읽었나요? 🔖 (쪽)   🕐 (분/시간)
- 가장 재미있는 책 속 한 줄 찾아 써 봐요

쓰기

즐겁게 글쓰기 도전!

딱 한 시간만 다른 사람으로 변할 수 있다면 나는 _____ 가 될 거예요.

생활

- 인사했나요?   기상 ☐   등교 ☐   식사 ☐   하교 ☐   잠자리 ☐
- <u>스스로 했어요!</u>
  - 정리   방 ☐   책상 ☐   옷 ☐   신발 ☐
  - 운동   종목 _____ 🕐 (분/시간)
- 지켰어요!   스마트폰 ____ 분 ☐   컴퓨터 ____ 분 ☐

마음

- 나를 칭찬해요!
- 정말 감사해요!

점검

공부 ☐   독서 ☐   쓰기 ☐   생활 ☐   마음 ☐

매일 활동

오늘은   년   월   일   요일입니다.

공부

과목	오늘, 무엇을 공부해 볼까요?	✓

독서

책 제목은요?	
얼마나 읽었나요?	🔖 (쪽) 🕐 (분/시간)
가장 재미있는 책 속 한 줄 찾아 써 봐요	

쓰기

즐겁게 글쓰기 도전!	올해 내 생일 케이크 위에는 ...., ..., ... 가 올려져 있었으면 좋겠어요.

생활

인사했나요?	기상 ☐ 등교 ☐ 식사 ☐ 하교 ☐ 잠자리 ☐
스스로 했어요!	정리 방 ☐ 책상 ☐ 옷 ☐ 신발 ☐
	운동 종목 _____ 🕐 (분/시간)
지켰어요!	스마트폰 분 ☐ 컴퓨터 분 ☐

마음

나를 칭찬해요!	
정말 감사해요!	

점검	공부 ☐ 독서 ☐ 쓰기 ☐ 생활 ☐ 마음 ☐

 **매일 활동**   오늘은   년   월   일   요일입니다.

공부	과목	오늘, 무엇을 공부해 볼까요?	✓

독서	책 제목은요?	
	얼마나 읽었나요?	(쪽) (분/시간)
	가장 재미있는 책 속 한 줄 찾아 써 봐요	

쓰기	즐겁게 글쓰기 도전!	나만의 자동차가 생긴다면 그 이름은 _____ 로 짓겠어요.

생활	인사했나요?	기상 ☐ 등교 ☐ 식사 ☐ 하교 ☐ 잠자리 ☐
	스스로 했어요!	정리 방 ☐ 책상 ☐ 옷 ☐ 신발 ☐
		운동 종목 _____ 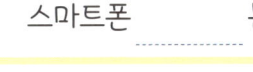 (분/시간)
	지켰어요!	스마트폰 _____ 분 ☐ 컴퓨터 _____ 분 ☐

마음	나를 칭찬해요!	
	정말 감사해요!	
	점검	공부 ☐ 독서 ☐ 쓰기 ☐ 생활 ☐ 마음 ☐

매일 활동

오늘은　　　년　　　월　　　일　　　요일입니다.

공부
과목	오늘, 무엇을 공부해 볼까요?	✓

독서
책 제목은요?	
얼마나 읽었나요?	▸ (　　　쪽)　　🕐 (　　　분/시간)
가장 재미있는 책 속 한 줄 찾아 써 봐요	

쓰기
즐겁게 글쓰기 도전!	내가 가장 좋아하는 디저트는 _____ 예요.

생활
인사했나요?	기상 ☐　등교 ☐　식사 ☐　하교 ☐　잠자리 ☐
스스로 했어요!	정리　　방 ☐　책상 ☐　옷 ☐　신발 ☐ 운동　종목 _____　🕐 (　　　분/시간)
지켰어요!	스마트폰 _____ 분 ☐　　컴퓨터 _____ 분 ☐

마음
나를 칭찬해요!	
정말 감사해요!	

점검	공부 ☐　독서 ☐　쓰기 ☐　생활 ☐　마음 ☐

주말 미션 오늘은   년   월   ~   일 토요일~일요일

네모 상자 체크해요

1단계

월요일부터 금요일까지 점검표에 체크하지 못한 영역이 있다면, 주말이라는 절호의 기회를 놓치지 마세요.
모든 영역을 완료하면 하루에 선물을 두 개씩 받을 수 있거든요.
부족한 부분을 채울 마지막 기회를 놓치지 마세요!

잘했는지 점검해 보아요

2단계

이번 한 주 간의 선물 상자를 받을 시간!
모든 습관을 익혔다면 하루에 선물 상자 2개를 색칠해요.
하지만 한 가지라도 안 했다면 선물 상자는 1개만 색칠할 수 있어요.

다섯 가지 습관 모두 지켰나요?	선물 상자
월요일	🎁 🎁
화요일	🎁 🎁
수요일	🎁 🎁
목요일	🎁 🎁
금요일	🎁 🎁
이번 주에 색칠한 선물 상자	개

 주말 미션

선물 상자 더 받고 싶어요!

3단계

오직 주말에만 할 수 있는 특별한 행운 미션이 있어요.
내가 정한 나의 미션 한 가지와 부모님께서 정해 주시는 미션 한 가지.
각각의 미션을 달성하면 1개씩의 선물 상자를 또! 얻게 됩니다.
미션을 달성하고 아래의 선물 상자를 색칠해 보세요!

미션	주말 행운 미션	선물 상자
미션 1	(나)	🎁
미션 2	(부모님)	🎁

선물 상자 몇 개예요?

이번 주에 색칠한 선물 상자	지금까지의 선물 상자 총 개수	부모님 확인
개	개	

부모님 확인을 마치면 **185쪽**부터 시작되는 스티커판에 가서
이번 주에 색칠한 선물 상자만큼 스티커를 붙여요.
스티커 **10개**를 모을 때 마다 쿠폰을 받을 수 있어요.
★ 스티커는 맨 뒷장에 있답니다! ★

몇 월인가요?

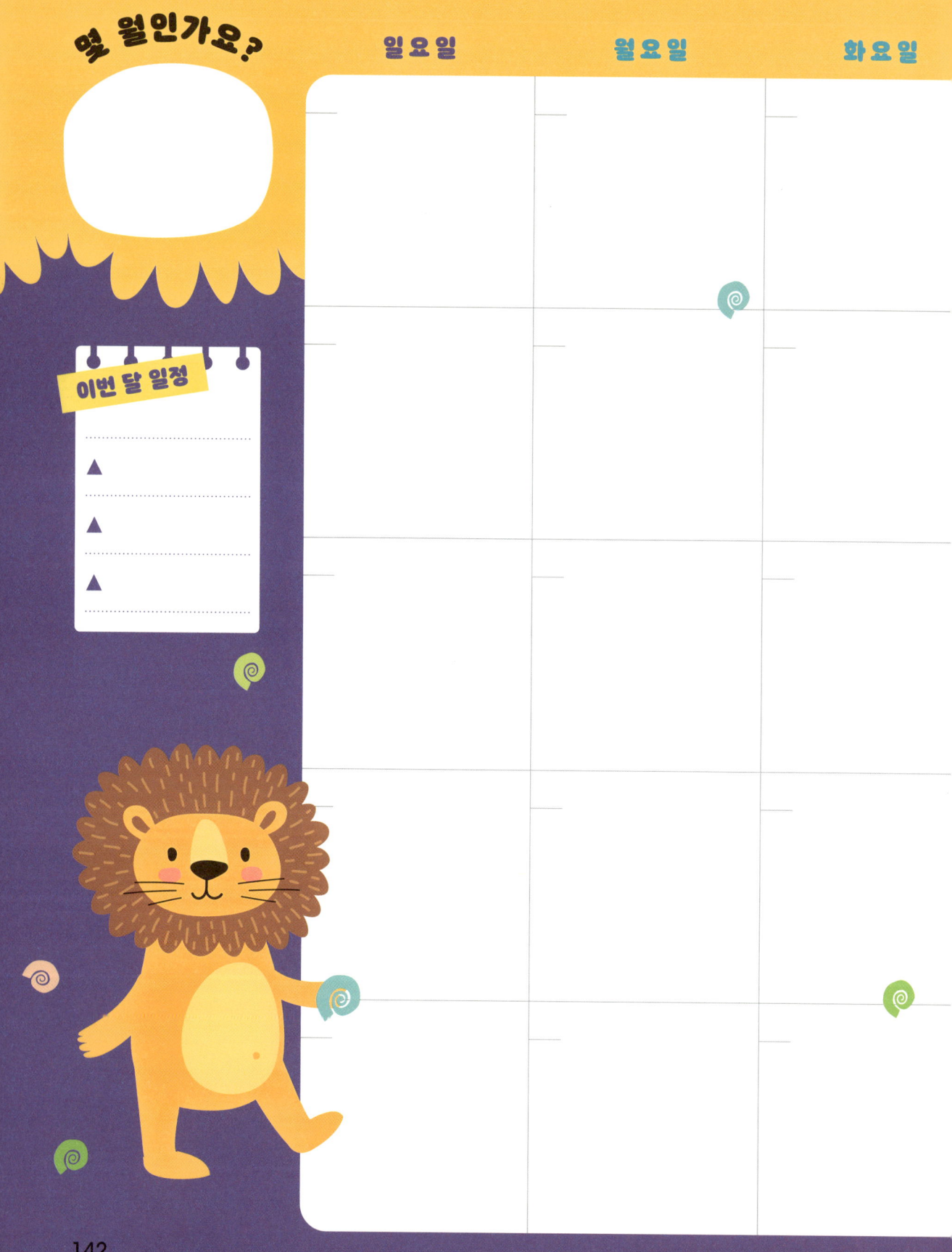

| 수요일 | 목요일 | 금요일 | 토요일 |

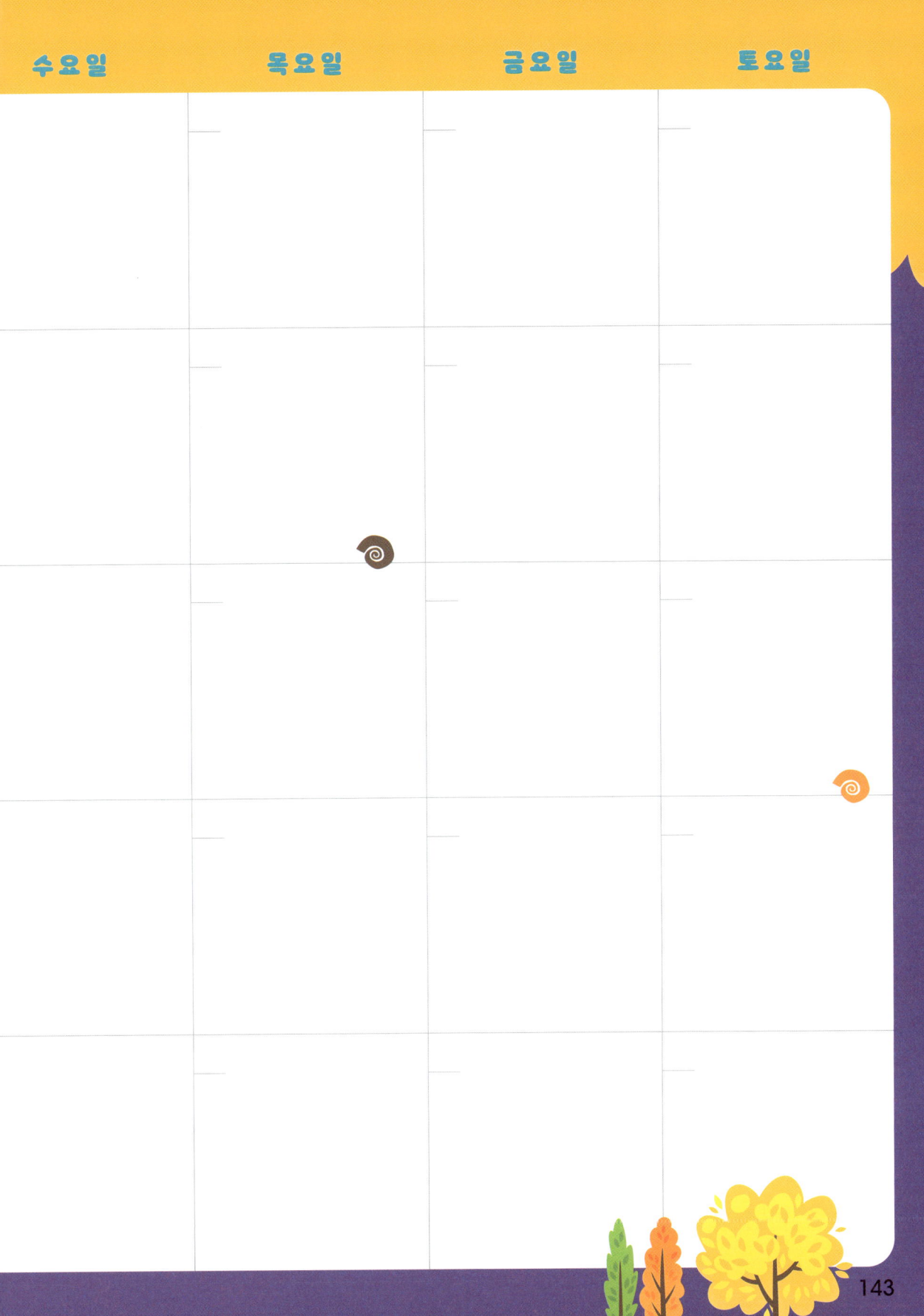

이번 달의 목표 습관

'습관 익힘책'과 함께 습관을 만들어 가는 이번 달, 꼭 만들고 싶은 습관이 있나요?
마음속으로만 생각하지 말고 하나씩 꺼내어 적어 보세요.
도전해 보자고요!
그리고 큰 소리로 읽어 보세요. 반드시 이루어 낼 수 있을 거예요.

	_____월에 도전할 다섯 가지 멋진 습관	
종류	어떤 습관인가요?	지켰나요?
공부		✓
독서		✓
쓰기		✓
생활		✓
마음		✓

이번 주의 중요한 일

이번 한 주 동안 기억해야 할 중요한 일정이 있나요?
혹은 반드시 해야 할 숙제, 공부, 독서가 있나요?
또, 가족이나 친구와 한 약속이 있나요?
기록해 두고 기억하면서 실천으로 옮겨 보아요.

첫째 주

_____월 _____일 ~ _____월 _____일

요일	어떤 일정인가요?	지켰나요?
월		✓
화		✓
수		✓
목		✓
금		✓
토		✓
일		✓

매일 활동

오늘은　　　년　　　월　　　일　　　요일입니다.

공부

과목	오늘, 무엇을 공부해 볼까요?	✓

독서

책 제목은요?	
얼마나 읽었나요?	🔖 (　　　쪽)　🕐 (　　　분/시간)
가장 재미있는 책 속 한 줄 찾아 써 봐요	

쓰기

즐겁게 글쓰기 도전!	우리 반의 이름을 지어 준다면 _____ 라고 짓고 싶어요.

생활

인사했나요?	기상 ☐　등교 ☐　식사 ☐　하교 ☐　잠자리 ☐
스스로 했어요!	정리　　방 ☐　책상 ☐　옷 ☐　신발 ☐
	운동　종목 _____　🕐 (　　　분/시간)
지켰어요!	스마트폰 _____ 분 ☐　　컴퓨터 _____ 분 ☐

마음

나를 칭찬해요!	
정말 감사해요!	
점검	공부 ☐　독서 ☐　쓰기 ☐　생활 ☐　마음 ☐

매일 활동

오늘은　　　년　　　월　　　일　　　요일입니다.

공부

과목	오늘, 무엇을 공부해 볼까요?	✓

독서

책 제목은요?	
얼마나 읽었나요?	▌(　　　쪽)　🕐(　　　분/시간)
가장 재미있는 책 속 한 줄 찾아 써 봐요	

쓰기

즐겁게 글쓰기 도전!	내가 꼭 받고 싶은 상은 _____ 상입니다.

생활

인사했나요?	기상 ☐　등교 ☐　식사 ☐　하교 ☐　잠자리 ☐
스스로 했어요!	정리　　방 ☐　책상 ☐　옷 ☐　신발 ☐
	운동　종목 _____　🕐 (　　　분/시간)
지켰어요!	스마트폰　　분 ☐　　컴퓨터　　분 ☐

마음

나를 칭찬해요!	
정말 감사해요!	
점검	공부 ☐　독서 ☐　쓰기 ☐　생활 ☐　마음 ☐

매일 활동 오늘은   년   월   일   요일입니다.

공부

과목	오늘, 무엇을 공부해 볼까요?	✓

독서

책 제목은요?	
얼마나 읽었나요?	▌(쪽) 🕒(분/시간)
가장 재미있는 책 속 한 줄 찾아 써 봐요	

쓰기

즐겁게 글쓰기 도전!	학교에서 가장 어렵다고 생각하는 과목은 _____ 입니다.

생활

인사했나요?	기상 ☐ 등교 ☐ 식사 ☐ 하교 ☐ 잠자리 ☐
스스로 했어요!	정리 — 방 ☐ 책상 ☐ 옷 ☐ 신발 ☐ 운동 — 종목 _____ 🕒(분/시간)
지켰어요!	스마트폰 ___분 ☐ 컴퓨터 ___분 ☐

마음

나를 칭찬해요!	
정말 감사해요!	
점검	공부 ☐ 독서 ☐ 쓰기 ☐ 생활 ☐ 마음 ☐

 **매일 활동** 오늘은   년   월   일   요일입니다.

	과목	오늘, 무엇을 공부해 볼까요?	✓
공부			

 **독서**

책 제목은요?	
얼마나 읽었나요?	(쪽) (분/시간)
가장 재미있는 책 속 한 줄 찾아 써 봐요	

 **쓰기**

즐겁게 글쓰기 도전!	방학이 되면 가장 먼저 _____ 을 하고 싶어요..

 **생활**

인사했나요?	기상 ☐ 등교 ☐ 식사 ☐ 하교 ☐ 잠자리 ☐
스스로 했어요!	정리 방 ☐ 책상 ☐ 옷 ☐ 신발 ☐ 운동 종목 _____  (분/시간)
지켰어요!	스마트폰 분 ☐ 컴퓨터 분 ☐

 **마음**

나를 칭찬해요!	
정말 감사해요!	

점검	공부 ☐ 독서 ☐ 쓰기 ☐ 생활 ☐ 마음 ☐

매일 활동 오늘은   년   월   일   요일입니다.

공부	과목	오늘, 무엇을 공부해 볼까요?	✓

독서

책 제목은요?	
얼마나 읽었나요?	(쪽) (분/시간)
가장 재미있는 책 속 한 줄 찾아 써 봐요	

쓰기

즐겁게 글쓰기 도전!	내 인생 최고의 만화 영화 제목은 _____ 입니다.

생활

인사했나요?	기상 ☐ 등교 ☐ 식사 ☐ 하교 ☐ 잠자리 ☐
스스로 했어요!	정리 방 ☐ 책상 ☐ 옷 ☐ 신발 ☐ 운동 종목 _____ ⏰ (분/시간)
지켰어요!	스마트폰 ____ 분 ☐ 컴퓨터 ____ 분 ☐

마음

나를 칭찬해요!	
정말 감사해요!	
점검	공부 ☐ 독서 ☐ 쓰기 ☐ 생활 ☐ 마음 ☐

150

주말 미션

오늘은　　　년　　　월　~　　　일　토요일~일요일

네모 상자 체크해요

1단계

월요일부터 금요일까지 점검표에 체크하지 못한 영역이 있다면, 주말이라는 절호의 기회를 놓치지 마세요.
모든 영역을 완료하면 **하루에 선물을 두 개씩** 받을 수 있거든요.
부족한 부분을 채울 마지막 기회를 놓치지 마세요!

잘했는지 점검해 보아요

2단계

이번 한 주 간의 선물 상자를 받을 시간!
모든 습관을 익혔다면 하루에 **선물 상자 2개**를 색칠해요.
하지만 한 가지라도 안 했다면 **선물 상자는 1개만** 색칠할 수 있어요.

다섯 가지 습관 모두 지켰나요?	선물 상자
월요일	🎁 🎁
화요일	🎁 🎁
수요일	🎁 🎁
목요일	🎁 🎁
금요일	🎁 🎁
이번 주에 색칠한 선물 상자	개

선물 상자 더 받고 싶어요!

3단계

오직 주말에만 할 수 있는 특별한 행운 미션이 있어요.
내가 정한 나의 미션 한 가지와 부모님께서 정해 주시는 미션 한 가지.
각각의 미션을 달성하면 1개씩의 선물 상자를 또! 얻게 됩니다.
미션을 달성하고 아래의 선물 상자를 색칠해 보세요!

미션	주말 행운 미션	선물 상자
미션 1	(나)	
미션 2	(부모님)	

선물 상자 몇 개예요?

이번 주에 색칠한 선물 상자	지금까지의 선물 상자 총 개수	부모님 확인
개	개	

부모님 확인을 마치면 185쪽부터 시작되는 스티커판에 가서
이번 주에 색칠한 선물 상자만큼 스티커를 붙여요.
스티커 10개를 모을 때 마다 쿠폰을 받을 수 있어요.
★ 스티커는 맨 뒷장에 있답니다! ★

이번 주의 중요한 일

이번 한 주 동안 기억해야 할 중요한 일정이 있나요?
혹은 반드시 해야 할 숙제, 공부, 독서가 있나요?
또, 가족이나 친구와 한 약속이 있나요?
기록해 두고 기억하면서 실천으로 옮겨 보아요.

둘째 주

_____월 _____일 ~ _____월 _____일

요일	어떤 일정인가요?	지켰나요?
월		✓
화		✓
수		✓
목		✓
금		✓
토		✓
일		✓

매일 활동   오늘은 　　　 년 　　　 월 　　　 일 　　　 요일입니다.

공부

과목	오늘, 무엇을 공부해 볼까요?	✓

독서

책 제목은요?	
얼마나 읽었나요?	🔖 (　　　쪽)　　🕐 (　　　분/시간)
가장 재미있는 책 속 한 줄 찾아 써 봐요	

쓰기

즐겁게 글쓰기 도전!	의사가 된다면 _____ 병원의 의사 선생님이 되고 싶어요.

생활

인사했나요?	기상 ☐　등교 ☐　식사 ☐　하교 ☐　잠자리 ☐
스스로 했어요!	정리　　　방 ☐　책상 ☐　옷 ☐　신발 ☐ 운동　종목 _____　🕐 (　　　분/시간)
지켰어요!	스마트폰 _____ 분 ☐　　컴퓨터 _____ 분 ☐

마음

나를 칭찬해요!	
정말 감사해요!	
점검	공부 ☐　독서 ☐　쓰기 ☐　생활 ☐　마음 ☐

 **매일 활동**　　오늘은　　　년　　　월　　　일　　　요일입니다.

	과목	오늘, 무엇을 공부해 볼까요?	✓
공부			

독서

책 제목은요?	
얼마나 읽었나요?	(　　쪽)　 (　　분/시간)
가장 재미있는 책 속 한 줄 찾아 써 봐요	

쓰기

즐겁게 글쓰기 도전!	내가 가장 좋아하는 친구는 _____ 입니다.

생활

인사했나요?	기상 ☐　등교 ☐　식사 ☐　하교 ☐　잠자리 ☐
스스로 했어요!	정리　　방 ☐　책상 ☐　옷 ☐　신발 ☐
	운동　종목 　　🕐 (　　분/시간)
지켰어요!	스마트폰 ____ 분 ☐　　컴퓨터 ____ 분 ☐

마음

나를 칭찬해요!	
정말 감사해요!	
점검	공부 ☐　독서 ☐　쓰기 ☐　생활 ☐　마음 ☐

155

매일 활동

오늘은   년   월   일   요일입니다.

공부

과목	오늘, 무엇을 공부해 볼까요?	✓

독서

책 제목은요?	
얼마나 읽었나요?	🔖 (쪽) 🕐 (분/시간)
가장 재미있는 책 속 한 줄 찾아 써 봐요	

쓰기

즐겁게 글쓰기 도전!	동물원에 가면 _____ 는 꼭 보고 돌아올 거예요.

생활

인사했나요?	기상 ☐ 등교 ☐ 식사 ☐ 하교 ☐ 잠자리 ☐
스스로 했어요!	정리 방 ☐ 책상 ☐ 옷 ☐ 신발 ☐
	운동 종목 _____ 🕐 (분/시간)
지켰어요!	스마트폰 _____ 분 ☐ 컴퓨터 _____ 분 ☐

마음

나를 칭찬해요!	
정말 감사해요!	

점검	공부 ☐ 독서 ☐ 쓰기 ☐ 생활 ☐ 마음 ☐

매일 활동

오늘은   년   월   일   요일입니다.

공부

과목	오늘, 무엇을 공부해 볼까요?	✓

독서

책 제목은요?	
얼마나 읽었나요?	📑 (쪽) 🕐 (분/시간)
가장 재미있는 책 속 한 줄 찾아 써 봐요	

쓰기

즐겁게 글쓰기 도전!	곤충이 되어야 한다면 _____ 로 변신하고 싶어요.

생활

인사했나요?	기상 ☐ 등교 ☐ 식사 ☐ 하교 ☐ 잠자리 ☐
스스로 했어요!	정리 — 방 ☐ 책상 ☐ 옷 ☐ 신발 ☐
	운동 — 종목 _____ 🕐 (분/시간)
지켰어요!	스마트폰 _____ 분 ☐ 컴퓨터 _____ 분 ☐

마음

나를 칭찬해요!	
정말 감사해요!	
점검	공부 ☐ 독서 ☐ 쓰기 ☐ 생활 ☐ 마음 ☐

매일 활동

오늘은　　　년　　　월　　　일　　　요일입니다.

공부

과목	오늘, 무엇을 공부해 볼까요?	✓

독서

책 제목은요?	
얼마나 읽었나요?	📘 (　　　쪽)　🕐 (　　　분/시간)
가장 재미있는 책 속 한 줄 찾아 써 봐요	

쓰기

즐겁게 글쓰기 도전!	가장 재미있다고 생각하는 전래 동화의 제목은 _____ 입니다.

생활

인사했나요?	기상 ☐　등교 ☐　식사 ☐　하교 ☐　잠자리 ☐
스스로 했어요!	정리　　방 ☐　책상 ☐　옷 ☐　신발 ☐
	운동　종목 _____　🕐 (　　　분/시간)
지켰어요!	스마트폰 ____ 분 ☐　　컴퓨터 ____ 분 ☐

마음

나를 칭찬해요!	
정말 감사해요!	

점검	공부 ☐　독서 ☐　쓰기 ☐　생활 ☐　마음 ☐

주말 미션 오늘은   년   월 ~   일 토요일~일요일

1단계 — 네모 상자 체크해요

월요일부터 금요일까지 점검표에 체크하지 못한 영역이 있다면,
주말이라는 절호의 기회를 놓치지 마세요.
모든 영역을 완료하면 **하루에 선물을 두 개씩** 받을 수 있거든요.
부족한 부분을 채울 마지막 기회를 놓치지 마세요!

2단계 — 잘했는지 점검해 보아요

이번 한 주 간의 선물 상자를 받을 시간!
모든 습관을 익혔다면 하루에 **선물 상자 2개**를 색칠해요.
하지만 한 가지라도 안 했다면 **선물 상자는 1개만** 색칠할 수 있어요.

다섯 가지 습관 모두 지켰나요?	선물 상자
월요일	🎁 🎁
화요일	🎁 🎁
수요일	🎁 🎁
목요일	🎁 🎁
금요일	🎁 🎁
이번 주에 색칠한 선물 상자	개

 주말 미션

선물 상자 더 받고 싶어요!

3단계

오직 주말에만 할 수 있는 특별한 행운 미션이 있어요.
내가 정한 나의 미션 한 가지와 부모님께서 정해 주시는 미션 한 가지.
각각의 미션을 달성하면 1개씩의 선물 상자를 또! 얻게 됩니다.
미션을 달성하고 아래의 선물 상자를 색칠해 보세요!

미션	주말 행운 미션	선물 상자
미션 1	(나)	
미션 2	(부모님)	

선물 상자 몇 개예요?

이번 주에 색칠한 선물 상자	지금까지의 선물 상자 총 개수	부모님 확인
개	개	

부모님 확인을 마치면 **185쪽**부터 시작되는 스티커판에 가서
이번 주에 색칠한 선물 상자만큼 스티커를 붙여요.
스티커 **10개**를 모을 때 마다 쿠폰을 받을 수 있어요.
★ 스티커는 맨 뒷장에 있답니다! ★

이번 주의 중요한 일

이번 한 주 동안 기억해야 할 중요한 일정이 있나요?
혹은 반드시 해야 할 숙제, 공부, 독서가 있나요?
또, 가족이나 친구와 한 약속이 있나요?
기록해 두고 기억하면서 실천으로 옮겨 보아요.

셋째 주

_____월 _____일 ~ _____월 _____일

요일	어떤 일정인가요?	지켰나요?
월		✓
화		✓
수		✓
목		✓
금		✓
토		✓
일		✓

매일 활동

오늘은   년   월   일   요일입니다.

공부

과목	오늘, 무엇을 공부해 볼까요?	✓

독서

책 제목은요?	
얼마나 읽었나요?	🔖 (쪽) 🕐 (분/시간)
가장 재미있는 책 속 한 줄 찾아 써 봐요	

쓰기

즐겁게 글쓰기 도전!	가장 좋아하는 노래 제목은 _____ 입니다.

생활

인사했나요?	기상 ☐ 등교 ☐ 식사 ☐ 하교 ☐ 잠자리 ☐
스스로 했어요!	정리 방 ☐ 책상 ☐ 옷 ☐ 신발 ☐
	운동 종목 _____ 🕐 (분/시간)
지켰어요!	스마트폰 ____ 분 ☐ 컴퓨터 ____ 분 ☐

마음

나를 칭찬해요!	
정말 감사해요!	
점검	공부 ☐ 독서 ☐ 쓰기 ☐ 생활 ☐ 마음 ☐

매일 활동   오늘은   년   월   일   요일입니다.

 공부	과목	오늘, 무엇을 공부해 볼까요?	✓

 독서	책 제목은요?	
	얼마나 읽었나요?	(쪽) (분/시간)
	가장 재미있는 책 속 한 줄 찾아 써 봐요	

 쓰기	즐겁게 글쓰기 도전!	가장 좋아하는 연예인은 _____ 입니다.

 생활	인사했나요?	기상 ☐ 등교 ☐ 식사 ☐ 하교 ☐ 잠자리 ☐
	스스로 했어요!	정리 방 ☐ 책상 ☐ 옷 ☐ 신발 ☐
		운동 종목 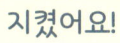  (분/시간)
	지켰어요!	스마트폰 ____ 분 ☐ 컴퓨터 ____ 분 ☐

마음	나를 칭찬해요!	
	정말 감사해요!	
	점검	공부 ☐ 독서 ☐ 쓰기 ☐ 생활 ☐ 마음 ☐

매일 활동

오늘은   년   월   일   요일입니다.

공부

과목	오늘, 무엇을 공부해 볼까요?	✓

독서

책 제목은요?	
얼마나 읽었나요?	🔖 (쪽) 🕐 (분/시간)
가장 재미있는 책 속 한 줄 찾아 써 봐요	

쓰기

즐겁게 글쓰기 도전!	심부름 중 가장 하기 쉬운 일은 _____ 하기 랍니다.

생활

인사했나요?	기상 ☐ 등교 ☐ 식사 ☐ 하교 ☐ 잠자리 ☐
스스로 했어요!	정리 방 ☐ 책상 ☐ 옷 ☐ 신발 ☐ 운동 종목 _____ 🕐 (분/시간)
지켰어요!	스마트폰 분 ☐ 컴퓨터 분 ☐

마음

나를 칭찬해요!	
정말 감사해요!	
점검	공부 ☐ 독서 ☐ 쓰기 ☐ 생활 ☐ 마음 ☐

 **매일 활동** 오늘은   년   월   일   요일입니다.

공부

과목	오늘, 무엇을 공부해 볼까요?	✓

독서

책 제목은요?	
얼마나 읽었나요?	(쪽) (분/시간)
가장 재미있는 책 속 한 줄 찾아 써 봐요	

쓰기

즐겁게 글쓰기 도전!	채소 중 가장 자신 있게 먹을 수 있는 것은 _____ 입니다.

생활

인사했나요?	기상 ☐ 등교 ☐ 식사 ☐ 하교 ☐ 잠자리 ☐
<u>스스로</u> 했어요!	정리 방 ☐ 책상 ☐ 옷 ☐ 신발 ☐
	운동 종목 _____ 🕐 (분/시간)
지켰어요!	스마트폰 ___ 분 ☐ 컴퓨터 ___ 분 ☐

마음

나를 칭찬해요!	
정말 감사해요!	
점검	공부 ☐ 독서 ☐ 쓰기 ☐ 생활 ☐ 마음 ☐

매일 활동   오늘은   년   월   일   요일입니다.

공부

과목	오늘, 무엇을 공부해 볼까요?	✓

독서

책 제목은요?	
얼마나 읽었나요?	▌ (쪽) 🕐 (분/시간)
가장 재미있는 책 속 한 줄 찾아 써 봐요	

쓰기

즐겁게 글쓰기 도전!	평생 한 가지 과일만 먹을 수 있다면 _____ 를 먹을래요.

생활

인사했나요?	기상 ☐ 등교 ☐ 식사 ☐ 하교 ☐ 잠자리 ☐
스스로 했어요!	정리 방 ☐ 책상 ☐ 옷 ☐ 신발 ☐
	운동 종목 _____ 🕐 (분/시간)
지켰어요!	스마트폰 _____ 분 ☐ 컴퓨터 _____ 분 ☐

마음

나를 칭찬해요!	
정말 감사해요!	
점검	공부 ☐ 독서 ☐ 쓰기 ☐ 생활 ☐ 마음 ☐

주말 미션 오늘은   년   월   ~   일 토요일~일요일

1단계 — 네모 상자 체크해요

월요일부터 금요일까지 점검표에 체크하지 못한 영역이 있다면,
주말이라는 절호의 기회를 놓치지 마세요.
모든 영역을 완료하면 **하루에 선물을 두 개씩** 받을 수 있거든요.
부족한 부분을 채울 마지막 기회를 놓치지 마세요!

2단계 — 잘했는지 점검해 보아요

이번 한 주 간의 선물 상자를 받을 시간!
모든 습관을 익혔다면 하루에 **선물 상자 2개**를 색칠해요.
하지만 한 가지라도 안 했다면 **선물 상자는 1개만** 색칠할 수 있어요.

다섯 가지 습관 모두 지켰나요?	선물 상자
월요일	🎁 🎁
화요일	🎁 🎁
수요일	🎁 🎁
목요일	🎁 🎁
금요일	🎁 🎁
이번 주에 색칠한 선물 상자	개

# 주말 미션

3단계

선물 상자 더 받고 싶어요!

오직 주말에만 할 수 있는 특별한 행운 미션이 있어요.
내가 정한 나의 미션 한 가지와 부모님께서 정해 주시는 미션 한 가지.
각각의 미션을 달성하면 1개씩의 선물 상자를 또! 얻게 됩니다.
미션을 달성하고 아래의 선물 상자를 색칠해 보세요!

미션	주말 행운 미션	선물 상자
미션 1	(나)	
미션 2	(부모님)	

선물 상자 몇 개예요?

이번 주에 색칠한 선물 상자	지금까지의 선물 상자 총 개수	부모님 확인
개	개	

부모님 확인을 마치면 **185쪽**부터 시작되는 스티커판에 가서
이번 주에 색칠한 선물 상자만큼 스티커를 붙여요.
스티커 **10개**를 모을 때 마다 쿠폰을 받을 수 있어요.
★ 스티커는 맨 뒷장에 있답니다! ★

이번 주의 중요한 일

이번 한 주 동안 기억해야 할 중요한 일정이 있나요?
혹은 반드시 해야 할 숙제, 공부, 독서가 있나요?
또, 가족이나 친구와 한 약속이 있나요?
기록해 두고 기억하면서 실천으로 옮겨 보아요.

넷째 주

_____월 _____일 ~ _____월 _____일

요일	어떤 일정인가요?	지켰나요?
월		✓
화		✓
수		✓
목		✓
금		✓
토		✓
일		✓

매일 활동

오늘은　　　년　　　월　　　일　　　요일입니다.

공부

과목	오늘, 무엇을 공부해 볼까요?	✓

독서

책 제목은요?	
얼마나 읽었나요?	🔖 (　　　쪽)　🕐 (　　　분/시간)
가장 재미있는 책 속 한 줄 찾아 써 봐요	

쓰기

즐겁게 글쓰기 도전!	돼지고기 VS 소고기, 한 가지를 고른다면 _____ 를 선택하겠습니다.

생활

인사했나요?	기상 ☐　등교 ☐　식사 ☐　하교 ☐　잠자리 ☐			
스스로 했어요!	정리	방 ☐　책상 ☐　옷 ☐　신발 ☐		
	운동	종목 _____	🕐 (　　분/시간)	
지켰어요!	스마트폰 ____ 분 ☐		컴퓨터 ____ 분 ☐	

마음

나를 칭찬해요!	
정말 감사해요!	
점검	공부 ☐　독서 ☐　쓰기 ☐　생활 ☐　마음 ☐

매일 활동

오늘은   년   월   일   요일입니다.

공부

과목	오늘, 무엇을 공부해 볼까요?	✓

독서

책 제목은요?	
얼마나 읽었나요?	🔖 (쪽) 🕐 (분/시간)
가장 재미있는 책 속 한 줄 찾아 써 봐요	

쓰기

즐겁게 글쓰기 도전!	아이스크림 중 가장 좋아하는 맛은 바로 _____ 맛이에요.

생활

인사했나요?	기상 ☐ 등교 ☐ 식사 ☐ 하교 ☐ 잠자리 ☐
스스로 했어요!	정리 방 ☐ 책상 ☐ 옷 ☐ 신발 ☐
	운동 종목 _____ 🕐 (분/시간)
지켰어요!	스마트폰 ____ 분 ☐ 컴퓨터 ____ 분 ☐

마음

나를 칭찬해요!	
정말 감사해요!	
점검	공부 ☐ 독서 ☐ 쓰기 ☐ 생활 ☐ 마음 ☐

171

매일 활동   오늘은   년   월   일   요일입니다.

공부

과목	오늘, 무엇을 공부해 볼까요?	✓

독서

책 제목은요?	
얼마나 읽었나요?	(쪽) (분/시간)
가장 재미있는 책 속 한 줄 찾아 써 봐요	

쓰기

즐겁게 글쓰기 도전!	가장 기억에 남는 생일은 _____ 때예요.

생활

인사했나요?	기상 ☐ 등교 ☐ 식사 ☐ 하교 ☐ 잠자리 ☐
스스로 했어요!	정리 방 ☐ 책상 ☐ 옷 ☐ 신발 ☐
	운동 종목 _____ (분/시간)
지켰어요!	스마트폰 _____ 분 ☐ 컴퓨터 _____ 분 ☐

마음

나를 칭찬해요!	
정말 감사해요!	

점검	공부 ☐ 독서 ☐ 쓰기 ☐ 생활 ☐ 마음 ☐

매일 활동　　오늘은　　　년　　　월　　　일　　　요일입니다.

공부
과목	오늘, 무엇을 공부해 볼까요?	✓

독서
- 책 제목은요?
- 얼마나 읽었나요?　📑 (　　　쪽)　🕐 (　　　분/시간)
- 가장 재미있는 책 속 한 줄 찾아 써 봐요

쓰기
즐겁게 글쓰기 도전!

머리 색깔을 선택하여 태어날 수 있다면

_____ 색을 선택할래요.

생활
- 인사했나요?　기상 ☐　등교 ☐　식사 ☐　하교 ☐　잠자리 ☐
- 스스로 했어요!
  - 정리　　방 ☐　책상 ☐　옷 ☐　신발 ☐
  - 운동　종목 _____　🕐 (　　　분/시간)
- 지켰어요!　스마트폰 ___분 ☐　　컴퓨터 ___분 ☐

마음
- 나를 칭찬해요!
- 정말 감사해요!
- 점검　공부 ☐　독서 ☐　쓰기 ☐　생활 ☐　마음 ☐

매일 활동

오늘은　　　년　　　월　　　일　　　요일입니다.

공부
과목	오늘, 무엇을 공부해 볼까요?	✓

독서
책 제목은요?	
얼마나 읽었나요?	🔖 (　　　쪽)　　🕐 (　　　분/시간)
가장 재미있는 책 속 한 줄 찾아 써 봐요	

쓰기
즐겁게 글쓰기 도전!	학교 수업 중 가장 재미있는 과목은 _____ 예요.

생활
인사했나요?	기상 ☐　등교 ☐　식사 ☐　하교 ☐　잠자리 ☐
스스로 했어요!	정리　　방 ☐　책상 ☐　옷 ☐　신발 ☐
	운동　종목 _____　🕐 (　　　분/시간)
지켰어요!	스마트폰 ___ 분 ☐　　컴퓨터 ___ 분 ☐

마음
나를 칭찬해요!	
정말 감사해요!	
점검	공부 ☐　독서 ☐　쓰기 ☐　생활 ☐　마음 ☐

 **주말 미션** 오늘은   년   월 ~   일 토요일~일요일

1단계 — 네모 상자 체크해요

월요일부터 금요일까지 점검표에 체크하지 못한 영역이 있다면, 주말이라는 절호의 기회를 놓치지 마세요.
모든 영역을 완료하면 **하루에 선물을 두 개씩** 받을 수 있거든요.
부족한 부분을 채울 마지막 기회를 놓치지 마세요!

2단계 — 잘했는지 점검해 보아요

이번 한 주 간의 선물 상자를 받을 시간!
모든 습관을 익혔다면 하루에 **선물 상자 2개**를 색칠해요.
하지만 한 가지라도 안 했다면 **선물 상자는 1개만** 색칠할 수 있어요.

다섯 가지 습관 모두 지켰나요?	선물 상자
월요일	🎁 🎁
화요일	🎁 🎁
수요일	🎁 🎁
목요일	🎁 🎁
금요일	🎁 🎁
이번 주에 색칠한 선물 상자	개

 주말 미션

 3단계

선물 상자 더 받고 싶어요!

오직 주말에만 할 수 있는 특별한 행운 미션이 있어요.
내가 정한 나의 미션 한 가지와 부모님께서 정해 주시는 미션 한 가지.
각각의 미션을 달성하면 1개씩의 선물 상자를 또! 얻게 됩니다.
미션을 달성하고 아래의 선물 상자를 색칠해 보세요!

미션	주말 행운 미션	선물 상자
미션 1	(나)	
미션 2	(부모님)	

선물 상자 몇 개예요?

이번 주에 색칠한 선물 상자	지금까지의 선물 상자 총 개수	부모님 확인
개	개	

부모님 확인을 마치면 185쪽부터 시작되는 스티커판에 가서
이번 주에 색칠한 선물 상자만큼 스티커를 붙여요.
스티커 10개를 모을 때마다 쿠폰을 받을 수 있어요.
★ 스티커는 맨 뒷장에 있답니다! ★

이번 주의 중요한 일

이번 한 주 동안 기억해야 할 중요한 일정이 있나요?
혹은 반드시 해야 할 숙제, 공부, 독서가 있나요?
또, 가족이나 친구와 한 약속이 있나요?
기록해 두고 기억하면서 실천으로 옮겨 보아요.

다섯째 주

_____월 _____일 ~ _____월 _____일

요일	어떤 일정인가요?	지켰나요?
월		✓
화		✓
수		✓
목		✓
금		✓
토		✓
일		✓

 **매일 활동** 오늘은   년   월   일   요일입니다.

	과목	오늘, 무엇을 공부해 볼까요?	✓
공부			

 독서

책 제목은요?	
얼마나 읽었나요?	(쪽) (분/시간)
가장 재미있는 책 속 한 줄 찾아 써 봐요	

 쓰기

즐겁게 글쓰기 도전!	가장 좋아하는 냄새는 _____ 냄새예요.

 생활

인사했나요?	기상 ☐ 등교 ☐ 식사 ☐ 하교 ☐ 잠자리 ☐
스스로 했어요!	정리 방 ☐ 책상 ☐ 옷 ☐ 신발 ☐
	운동 종목 _____ 🕐 (분/시간)
지켰어요!	스마트폰 ____ 분 ☐ 컴퓨터 ____ 분 ☐

마음

나를 칭찬해요!	
정말 감사해요!	
점검	공부 ☐ 독서 ☐ 쓰기 ☐ 생활 ☐ 마음 ☐

매일 활동

오늘은   년   월   일   요일입니다.

공부

과목	오늘, 무엇을 공부해 볼까요?	✓

독서

책 제목은요?	
얼마나 읽었나요?	🔖 (쪽) 🕐 (분/시간)
가장 재미있는 책 속 한 줄 찾아 써 봐요	

쓰기

즐겁게 글쓰기 도전!	나만 알고 싶은 나의 비밀은 _____ 입니다.

생활

인사했나요?	기상 ☐ 등교 ☐ 식사 ☐ 하교 ☐ 잠자리 ☐
<u>스스로</u> 했어요!	정리 방 ☐ 책상 ☐ 옷 ☐ 신발 ☐
	운동 종목 _____ 🕐 (분/시간)
지켰어요!	스마트폰 _____ 분 ☐ 컴퓨터 _____ 분 ☐

마음

나를 칭찬해요!	
정말 감사해요!	
점검	공부 ☐ 독서 ☐ 쓰기 ☐ 생활 ☐ 마음 ☐

매일 활동

오늘은 　 년 　 월 　 일 　 요일입니다.

공부
과목	오늘, 무엇을 공부해 볼까요?	✓

독서
책 제목은요?	
얼마나 읽었나요?	🔖 (　　 쪽) 🕐 (　　 분/시간)
가장 재미있는 책 속 한 줄 찾아 써 봐요	

쓰기
즐겁게 글쓰기 도전!	나만의 집을 짓는다면 방은 모두 _____ 개가 필요해요.

생활
인사했나요?	기상 ☐ 등교 ☐ 식사 ☐ 하교 ☐ 잠자리 ☐
스스로 했어요!	정리 　 방 ☐ 책상 ☐ 옷 ☐ 신발 ☐
	운동 　 종목 _____ 🕐 (　 분/시간)
지켰어요!	스마트폰 ____ 분 ☐ 　 컴퓨터 ____ 분 ☐

마음
나를 칭찬해요!	
정말 감사해요!	

점검	공부 ☐ 독서 ☐ 쓰기 ☐ 생활 ☐ 마음 ☐

매일 활동 오늘은   년   월   일   요일입니다.

공부
| 과목 | 오늘, 무엇을 공부해 볼까요? | ✓ |

독서
- 책 제목은요?
- 얼마나 읽었나요? 📑 (쪽)   🕐 (분/시간)
- 가장 재미있는 책 속 한 줄 찾아 써 봐요

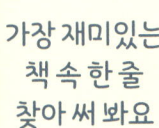

쓰기
즐겁게 글쓰기 도전!

하루 종일 노래 한 곡만 계속 들어야 한다면

_____ 를 틀 거예요.

생활
- 인사했나요? 기상 ☐ 등교 ☐ 식사 ☐ 하교 ☐ 잠자리 ☐
- 스스로 했어요!
  - 정리   방 ☐ 책상 ☐ 옷 ☐ 신발 ☐
  - 운동   종목 _____   🕐 (분/시간)
- 지켰어요! 스마트폰 ___ 분 ☐   컴퓨터 ___ 분 ☐

마음
- 나를 칭찬해요!
- 정말 감사해요!

점검   공부 ☐ 독서 ☐ 쓰기 ☐ 생활 ☐ 마음 ☐

매일 활동

오늘은　　　년　　　월　　　일　　　요일입니다.

공부	과목	오늘, 무엇을 공부해 볼까요?	✓

독서
- 책 제목은요?
- 얼마나 읽었나요? 🔖 (　　　쪽)　🕐 (　　　분/시간)
- 가장 재미있는 책 속 한 줄 찾아 써 봐요

쓰기
- 즐겁게 글쓰기 도전!
  초등학생이라서 가장 좋은 점은 _____ 랍니다.

생활
- 인사했나요?　기상☐　등교☐　식사☐　하교☐　잠자리☐
- 스스로 했어요!
  - 정리　방☐　책상☐　옷☐　신발☐
  - 운동　종목 _____　🕐 (　　　분/시간)
- 지켰어요!　스마트폰 ___ 분☐　　컴퓨터 ___ 분☐

마음
- 나를 칭찬해요!
- 정말 감사해요!

점검　공부☐　독서☐　쓰기☐　생활☐　마음☐

주말 미션 오늘은   년   월   ~   일 토요일~일요일

네모 상자 체크해요

1단계

월요일부터 금요일까지 점검표에 체크하지 못한 영역이 있다면,
주말이라는 절호의 기회를 놓치지 마세요.
모든 영역을 완료하면 하루에 선물을 두 개씩 받을 수 있거든요.
부족한 부분을 채울 마지막 기회를 놓치지 마세요!

잘했는지 점검해 보아요

2단계

이번 한 주 간의 선물 상자를 받을 시간!
모든 습관을 익혔다면 하루에 선물 상자 2개를 색칠해요.
하지만 한 가지라도 안 했다면 선물 상자는 1개만 색칠할 수 있어요.

다섯 가지 습관 모두 지켰나요?	선물 상자
월요일	🎁 🎁
화요일	🎁 🎁
수요일	🎁 🎁
목요일	🎁 🎁
금요일	🎁 🎁
이번 주에 색칠한 선물 상자	_____ 개

 주말 미션

선물 상자 더 받고 싶어요!

3단계

오직 주말에만 할 수 있는 특별한 행운 미션이 있어요.
내가 정한 나의 미션 한 가지와 부모님께서 정해 주시는 미션 한 가지.
각각의 미션을 달성하면 1개씩의 선물 상자를 또! 얻게 됩니다.
미션을 달성하고 아래의 선물 상자를 색칠해 보세요!

미션	주말 행운 미션	선물 상자
미션 1	(나)	
미션 2	(부모님)	

선물 상자 몇 개예요?

	이번 주에 색칠한 선물 상자	지금까지의 선물 상자 총 개수	부모님 확인
	개	개	

부모님 확인을 마치면 185쪽부터 시작되는 스티커판에 가서
이번 주에 색칠한 선물 상자만큼 스티커를 붙여요.
스티커 10개를 모을 때 마다 쿠폰을 받을 수 있어요.
★ 스티커는 맨 뒷장에 있답니다! ★

미션 성공 스티커판

다섯 가지 습관을 모두 지킨 날수만큼 스티커를 붙여 주세요.
주말의 행운 미션을 성공했다면 추가로 스티커를 붙여요.
스티커 10장을 붙일 때마다 쿠폰 1장과 교환할 수 있고요,
때로는 쿠폰 2장, 3장, 5장까지도 받을 수 있답니다.
열심히 스티커를 모으면서 내 마음에 쏙 드는 쿠폰을 골라 보세요.

다음 ➡

자랑스러운 쿠폰의 민족

자랑스러운 쿠폰의 민족 어린이들!
쿠폰 나라에 온 것을 환영해요.

습관 익힘책을 활용하며 습관을 만들기 위해,
또 결심한 대로 지키기 위해 노력했나요?
그렇다면 지금부터는 쿠폰을 골라 보세요.
여러분이 받고 싶을 만한 쿠폰이 가득 들어 있거든요!

스티커를 모아 쿠폰을 받을 수 있게 되었다면
지금 당장 여러분이 가장 원하고, 가장 필요한 쿠폰을 골라 보세요.
쿠폰을 받게 된 기쁜 날, 쿠폰 뒷면에 날짜를 적어 두고
원하는 날짜에 사용한 후에 부모님께 확인받으면 끝!
마음에 드는 쿠폰이 있다면 미리 찜해 두어도 좋아요!

하고 싶어요 쿠폰

하고 싶어요 쿠폰
_____ 시까지
놀다 잘게요

하고 싶어요 쿠폰
오늘은
공부 빼 주세요

하고 싶어요 쿠폰
영화관에서
팝콘 사 주세요

하고 싶어요 쿠폰
가족끼리
외식하고 싶어요

하고 싶어요 쿠폰
엄마랑
_____
하고 싶어요

하고 싶어요 쿠폰
아빠랑
_____
하고 싶어요

하고 싶어요 쿠폰
보드게임
같이 하고 싶어요
(_____ 분)

하고 싶어요 쿠폰
오늘은
**잔소리하지
마세요**

하고 싶어요 쿠폰
오늘 저녁
**배달 메뉴는
제가 선택할게요**

하고 싶어요 쿠폰
친구들과
파자마 파티
하고 싶어요

받은 날짜 : _____	받은 날짜 : _____
사용 날짜 : _____	사용 날짜 : _____
확인 서명 : _____	확인 서명 : _____
받은 날짜 : _____	받은 날짜 : _____
사용 날짜 : _____	사용 날짜 : _____
확인 서명 : _____	확인 서명 : _____
받은 날짜 : _____	받은 날짜 : _____
사용 날짜 : _____	사용 날짜 : _____
확인 서명 : _____	확인 서명 : _____
받은 날짜 : _____	받은 날짜 : _____
사용 날짜 : _____	사용 날짜 : _____
확인 서명 : _____	확인 서명 : _____
받은 날짜 : _____	받은 날짜 : _____
사용 날짜 : _____	사용 날짜 : _____
확인 서명 : _____	확인 서명 : _____

하고 싶어요 쿠폰

하고 싶어요 쿠폰

_____ 시까지
놀다 잘게요

하고 싶어요 쿠폰

오늘은
공부 빼 주세요

하고 싶어요 쿠폰

영화관에서
팝콘 사 주세요

하고 싶어요 쿠폰

가족끼리
외식하고 싶어요

하고 싶어요 쿠폰

엄마랑
_____
하고 싶어요

하고 싶어요 쿠폰

아빠랑
_____
하고 싶어요

하고 싶어요 쿠폰

보드게임
같이 하고 싶어요

(_____ 분)

하고 싶어요 쿠폰

오늘은
**잔소리하지
마세요**

하고 싶어요 쿠폰

오늘 저녁
**배달 메뉴는
제가 선택할게요**

하고 싶어요 쿠폰

친구들과
파자마 파티
하고 싶어요

받은 날짜 : _____	받은 날짜 : _____
사용 날짜 : _____	사용 날짜 : _____
확인 서명 : _____	확인 서명 : _____
받은 날짜 : _____	받은 날짜 : _____
사용 날짜 : _____	사용 날짜 : _____
확인 서명 : _____	확인 서명 : _____
받은 날짜 : _____	받은 날짜 : _____
사용 날짜 : _____	사용 날짜 : _____
확인 서명 : _____	확인 서명 : _____
받은 날짜 : _____	받은 날짜 : _____
사용 날짜 : _____	사용 날짜 : _____
확인 서명 : _____	확인 서명 : _____
받은 날짜 : _____	받은 날짜 : _____
사용 날짜 : _____	사용 날짜 : _____
확인 서명 : _____	확인 서명 : _____

내 맘대로 쇼핑 쿠폰

내 맘대로 쇼핑 쿠폰
자유 쇼핑권
_____ 원

내 맘대로 쇼핑 쿠폰
마트에서
_____ 원

내 맘대로 쇼핑 쿠폰
편의점에서
_____ 원

내 맘대로 쇼핑 쿠폰
문구점에서
_____ 원

내 맘대로 쇼핑 쿠폰
내 맘대로
책 한 권 (만화책 가능)

내 맘대로 쇼핑 쿠폰
내 맘대로
아이스크림 1회

내 맘대로 쇼핑 쿠폰
내 맘대로
치킨 1마리

내 맘대로 쇼핑 쿠폰
내 맘대로
음료 1잔

내 맘대로 쇼핑 쿠폰
햄버거 세트

내 맘대로 쇼핑 쿠폰
분식 세트

받은 날짜 : _____	받은 날짜 : _____
사용 날짜 : _____	사용 날짜 : _____
확인 서명 : _____	확인 서명 : _____
받은 날짜 : _____	받은 날짜 : _____
사용 날짜 : _____	사용 날짜 : _____
확인 서명 : _____	확인 서명 : _____
받은 날짜 : _____	받은 날짜 : _____
사용 날짜 : _____	사용 날짜 : _____
확인 서명 : _____	확인 서명 : _____
받은 날짜 : _____	받은 날짜 : _____
사용 날짜 : _____	사용 날짜 : _____
확인 서명 : _____	확인 서명 : _____
받은 날짜 : _____	받은 날짜 : _____
사용 날짜 : _____	사용 날짜 : _____
확인 서명 : _____	확인 서명 : _____

내 맘대로 쇼핑 쿠폰

내 맘대로 쇼핑 쿠폰
자유 쇼핑권
_____ 원

내 맘대로 쇼핑 쿠폰
마트에서
_____ 원

내 맘대로 쇼핑 쿠폰
편의점에서
_____ 원

내 맘대로 쇼핑 쿠폰
문구점에서
_____ 원

내 맘대로 쇼핑 쿠폰
내 맘대로
책 한 권 (만화책 가능)

내 맘대로 쇼핑 쿠폰
내 맘대로
아이스크림 1회

내 맘대로 쇼핑 쿠폰
내 맘대로
치킨 1마리

내 맘대로 쇼핑 쿠폰
내 맘대로
음료 1잔

내 맘대로 쇼핑 쿠폰
햄버거 세트

내 맘대로 쇼핑 쿠폰
분식 세트

받은 날짜 : _____	받은 날짜 : _____
사용 날짜 : _____	사용 날짜 : _____
확인 서명 : _____	확인 서명 : _____
받은 날짜 : _____	받은 날짜 : _____
사용 날짜 : _____	사용 날짜 : _____
확인 서명 : _____	확인 서명 : _____
받은 날짜 : _____	받은 날짜 : _____
사용 날짜 : _____	사용 날짜 : _____
확인 서명 : _____	확인 서명 : _____
받은 날짜 : _____	받은 날짜 : _____
사용 날짜 : _____	사용 날짜 : _____
확인 서명 : _____	확인 서명 : _____
받은 날짜 : _____	받은 날짜 : _____
사용 날짜 : _____	사용 날짜 : _____
확인 서명 : _____	확인 서명 : _____

데이트 & 스크린 타임 쿠폰

데이트 쿠폰
만화 카페 데이트
_____ 랑

데이트 쿠폰
카페 데이트
_____ 랑

데이트 쿠폰
찜질방 데이트
_____ 랑

데이트 쿠폰
영화관 데이트
_____ 랑

데이트 쿠폰
공원 데이트
_____ 랑

데이트 쿠폰
안방 침대 데이트
(함께 자기)
_____ 랑

스크린 타임 쿠폰
유튜브 시청
_____ 시간

스크린 타임 쿠폰
게임
_____ 시간

스크린 타임 쿠폰
텔레비전 시청
_____ 시간

스크린 타임 쿠폰
영화
_____ 시간

받은 날짜 : _____	받은 날짜 : _____
사용 날짜 : _____	사용 날짜 : _____
확인 서명 : _____	확인 서명 : _____
받은 날짜 : _____	받은 날짜 : _____
사용 날짜 : _____	사용 날짜 : _____
확인 서명 : _____	확인 서명 : _____
받은 날짜 : _____	받은 날짜 : _____
사용 날짜 : _____	사용 날짜 : _____
확인 서명 : _____	확인 서명 : _____
받은 날짜 : _____	받은 날짜 : _____
사용 날짜 : _____	사용 날짜 : _____
확인 서명 : _____	확인 서명 : _____
받은 날짜 : _____	받은 날짜 : _____
사용 날짜 : _____	사용 날짜 : _____
확인 서명 : _____	확인 서명 : _____

자기 주도 공부가 시작되는
초등 매일 습관 익힘책

자기 주도 공부가 시작되는
초등 매일 습관 익힘책
저학년용

지은이 이은경
펴낸이 정규도
펴낸곳 (주)다락원

초판 1쇄 발행 2021년 3월 2일
     2쇄 발행 2021년 3월 26일

편집총괄 최운선
책임편집 김유리
디자인 지완

다락원 경기도 파주시 문발로 211
내용문의 (02) 736-2031 내선 277
구입문의 (02) 736-2031 내선 250~252
Fax (02) 732-2037
출판등록 1977년 9월 16일 제406-2008-000007호

Copyright © 2021, 이은경

저자 및 출판사의 허락 없이 이 책의 일부 또는 전부를 무단 복제·전재·발췌할 수 없습니다. 구입 후 철회는 회사 내규에 부합하는 경우에 가능하므로 구입문의처에 문의하시기 바랍니다. 분실·파손 등에 따른 소비자 피해에 대해서는 공정거래위원회에서 고시한 소비자 분쟁 해결 기준에 따라 보상 가능합니다. 잘못된 책은 바꿔 드립니다.

값 15,800원
ISBN 978-89-277-4763-5 (13590)

http://www.darakwon.co.kr
다락원 홈페이지를 통해 인터넷 주문을 하시면 자세한 정보와 함께 다양한 혜택을 받으실 수 있습니다.

자기 주도 공부가 시작되는

초등 매일 습관 익힘책

이은경 지음

저학년 학부모용

다락원

머리말

늦은 저녁, 설거지는 덜 끝났고 아이 공부는 절반도 못 한 것 같은데 벌써 아홉 시입니다. 학원 숙제를 펼쳐 놓고 꾸물거리는 아이를 보면 참다못해 소리를 지르고 화냅니다. 그래 놓고 잠든 아이를 보면 왜 이렇게 미안하고 짠한지 조금만 참을걸, 후회합니다.

아이를 정성껏 잘 키우고 싶은 마음, 공부 열심히 해서 입시, 취업 모두 순탄하기를 바라는 마음, 그래서 부모인 나보다 조금이라도 성공한 삶을 살게 되기를 바라는 마음은 대한민국 부모라면 모두 비슷할 것입니다. 그렇다면 습관을 선물해 주세요. 그 어떤 우량주보다, 청약 저축보다, 현금 재산보다도 아이의 삶에 큰 도움이 될 거니까요. 가장 큰 재산이 될 거니까요.

아이의 습관을 잡는 일은 간단하지만 어렵습니다. 원칙을 만들어 놓고 묵묵히 계속 가다 보면 분명히 성공하는 간단한 일이지만, 열매가 보일 때까지는 엄청난 인내심을 요구하기 때문에 어려운 일입니다. 한두 달, 혹은 일이 년 안에 결과를 볼 수 있는 일이 아니에요. 태어나 계속 놀고, 먹고, 자고를 반복하던 아이가 초등학생이 되어 매일 하기 싫은 공부를 하는 건 어색하고 불편한 일이거든요. 몇 년이 걸릴지 지금은 알 수 없습니다.

하지만 아이마다 걸리는 시간이 다를 뿐, 기다리면 언젠가 꼭 이루어질 수밖에 없어요. 그때까지 기다릴 수 있는지가 관건입니다. 차곡차곡 쌓여 가는 아이의 습관 익힘책을 보며 아이를 믿고 기다려 주세요.

훌륭하고, 성실하고, 모두가 부러워할 만한 좋은 습관을 우리 아이에게 누가 좀 만들어 줬으면 좋겠다는 생각을 한 번이라도 해 본 적 있으시다면 잘 오셨습니다. 습관 익힘책과 함께 우리 아이에게 물려줄 최고의 유산인 습관을 선물해 보기로 해요.

아이의 좋은 습관 만들기 프로젝트, 함께 시작해 볼까요?

2021년 봄
마음 깊이 응원하며,
이은경 드림

초등학교 저학년의 습관 익힘책!
학부모용과 학생용으로 나누어 담았어요.

학부모용은 이렇게 구성했어요.

- 초등 습관이 중요한 이유를 알 수 있어요.
- 아이가 실천하는 학생용 익힘책의 활용 원칙과 활용 방법을 담았어요.
- 이은경 선생님의 노하우가 담긴 초등 습관 Q&A를 선별하여 담았어요. 초등 저학년 학부모님들로부터 가장 많이 들었던 질문 위주로 모았어요.

학생용은 이렇게 구성했어요.

- 아이 스스로 월별, 주별, 일별 계획을 세우고 부모님과 함께 점검해요.
- 매일 매일 습관을 잘 쌓으면 스티커를 얻을 수 있어요. 스티커를 모으면 쿠폰으로 바꿀 수 있답니다.
- 아이들이 좋아할 만한 예쁜 스티커와 스티커판, 그리고 쿠폰북이 수록되어 있어요.
- 아이들이 다이어리나 플래너처럼 사용할 수 있어요.

차례

머리말 • 4

1. 초등 매일 습관 익힘책 슬기로운 활용법

이렇기에 중요해요! <습관이 중요한 이유> • 10

이것만큼은 지켜 주세요! <익힘책 활용 원칙> • 14

이렇게 활용하세요! <익힘책 활용 방법> • 16
- 월간 페이지 • 16
- 주간 페이지 • 17
- 일간 페이지 • 18
- 주말 미션 • 21
- 스티커판과 쿠폰 • 22

2. 슬기로운 초등생활을 위한 Q&A

학교생활 Q 초등 교육 과정과 교과서의 구성이 궁금해요. •25

아이의 친구 관계, 부모가 어떻게 도울 수 있을까요? •26

어떻게 하면 다른 사람의 말을 경청하는 습관을 가질 수 있을까요? •28

똑 부러지게 말하는 습관을 키워 주고 싶어요. •30

독서 습관 Q 만화책만 보는 아이, 괜찮을까요? •32

생활 습관 Q 초등 아이에게 용돈이 필요할까요? •34

정리 습관 Q 정리가 안 되는 아이, 집에서 어떻게 습관을 길러 줄 수 있나요? •36

영어 공부 Q 꾸준히 영어 그림책을 읽어 주는 비결이 궁금해요. •38

영어 영상 선택하는 기준은 무엇인가요? •40

국어 공부 Q 가정에서 국어사전 활용하는 법이 궁금해요. •42

글쓰기 Q 본격적인 글쓰기, 언제부터 시작하면 될까요? •44

맺음말 •46

① 초등 매일 습관 익힘책 슬기로운 활용법

이렇기에 중요해요!
<습관이 중요한 이유>

이것만큼은 지켜 주세요!
<익힘책 활용 원칙>

이렇게 활용하세요!
<익힘책 활용 방법>

이렇기에 중요해요!

초등의 습관, 얼마나 중요할까요?

이 책을 살까 말까 고민했다면, 혹은 꼭 필요한 걸까 망설였다면 지금부터는 이 이야기에 귀를 기울여 주세요. 초등 시기의 습관이 얼마나 중요한지, 초등인 지금이 아이의 인생 전체를 놓고 봤을 때 얼마나 중요한 시기인지에 대해 차근히 말씀드릴 예정이니까요.

고등학교에 근무하시는 선생님들과 편하게 이야기 나눌 기회가 종종 있는데요, 저는 그분들이 아이를 키우시는 모습과 그분들의 교육관을 유심히 보며 배우려고 노력합니다. 중, 고등에 근무하시는 선생님들께서 한결같이 하시는 말씀이 있어요. 고등 아이들이 지니고 있는 공부, 생활, 언어, 친구 관계 등 다양한 영역의 습관은 초등 시기에 만들어져 지금까지 유지되는 것이라고요. 괜찮은 습관을 지닌 아이의 경우 그 시작이 초등이었고, 엉망인 버릇 때문에 고생하는 아이 역시 그 시작은 초등 시기였다는 것이죠. 선생님들은 습관 덕분에 유리해졌거나, 습관 때문에 불리해진 상반된 모습의 고등학생들을 수년간 지켜보면서 본인 아이들의 초등 시기를 놓치지 않기 위해 정성을 쏟으시더라고요. 그 모습을 보며 저 역시 저희 반 아이들과 저의 아이들의 습관에 관심을 갖게 되었습니다.

초등 교실의 아이들은 크게 두 가지로 두각을 보입니다. 바로 타고난 탁월함과 예쁘게 만들어진 습관입니다. 유난히 타고나길 똑똑하거나, 말을 잘하거나, 글을 잘 쓰거나, 부지런한 아이들은 그 자체만으로 쉽게 칭찬을 받습니다. 하지만 탁월함이 전부는 아니랍니다. 두드러지게 탁월한 면을 타고나지 못한 아이라도 어느 교실에서든 서서히 빛을 반짝이며 선생님과 친구들의 신임을 얻는 비결이 있는데, 그게 바로 습관입니다. 시키지 않아도 자기 일을 알아서 해내고, 누구를 만나도 반갑게 먼저 인사하고, 맡은 일을 책임감 있게 해내고, 주어진 숙제를 성실하게 마치고, 말과 표정에 긍정과 감사가 넘치는 사랑스러운 아이의 비결은 타고난 탁월함이 아니라 가정에서 시작된 예쁜

이렁기에 **중요해요!**

습관입니다.

이 습관의 힘으로 선생님의 칭찬과 친구들의 신임을 얻어 본 경험이 있는 아이는 습관이 잡히기 전으로 돌아가지 않습니다. 습관의 매력과 칭찬의 힘을 제대로 맛보았기 때문이죠. 단단하게 자리 잡은 습관 위에 더 좋은 습관을 하나씩 쌓아 가며 갈수록 더 빛나고 인정받는 아이로 자라갈 것은 당연한 일이겠지요.

한번 만들어진 습관은 쉽게 달라지기 어렵습니다. 그게 좋은 것이든 아니든 말이죠. 사람은 언뜻 의지와 정신력의 지배를 받는 것처럼 보이지만 조금 더 가까이 들여다보면 그 무엇보다 습관의 영향을 가장 강하게 받는 존재입니다. 습관만으로 하루가 달라지고, 그렇게 달라지는 하루가 모여 일상과 인생이 달라지지요.

우리가 반복해서 하는 행동이 바로 우리다.
그러므로 탁월함이란,
행동이 아니라 습관이다.

- 아리스토텔레스

그 누구보다 천재적인 업적을 남긴 아리스토텔레스의 습관에 관한 명언입니다.
부모는 아이의 탁월함을 기대합니다. 아이를 향한 기대는 애정에서 시작된 본능에 가까운 것입니다. 탁월함을 기대하지만 탁월하게 태어나지 못한 아이를 보며 속상하고 미안한 마음을 가져 본 적이 있다면 습관을 만들어 주세요. 습관은 금수저보다도 아이에게 강력한 도움이 되어 줄 무기니까요.

인간의 두 번째 반평생은
첫 번째 반평생에서 생긴 습관으로 구성될 뿐이다.

- 도스토옙스키

인생을 전반부와 후반부로 구분한다면, 초등 아이는 지금 전반부인 첫 번째 반평생의 한가운데에 서 있을 겁니다. 이때 생긴 습관으로 나머지 반평생이 구성되고, 그게 그 사람의 인생이 됩니다. 그래서 초등 6년이 자녀 교육의 전부라고 하는 것이며, 초등 6년이 아이의 인생을 결정한다고 하는 것입니다. 초등 아이가 지금 가진 습관 중에 좋은 습관은 더하고, 안 좋은 습관은 빼면서 하나하나 다듬어 가야 하는 이유가 여기에 있습니다. 인생의 경험이 적은 아이는 아직 습관이 얼마나 중요한지, 얼마나 가치 있는 것인지 모릅니다. 모르기 때문에 알려 주고, 하게 하고, 고치게 하는 거예요. 그게 초등 부모의 일입니다. 그 어떤 유산보다 값진 것이 될 겁니다.

이렁기에 중요해요!

　자연스럽고 부드럽게 습관이 만들어지는 최고의 시기, 초등 6년을 놓치지 마세요. 아이의 예쁜 습관이 하나씩 자리 잡힐 때마다 칭찬을 표현하고, 기대감을 숨기지 마세요. 더 어려운 습관에 도전할 수 있겠다고 응원하고, 실패해도 괜찮다고 마음 편하게 해 주세요. 그런 든든한 정서적 지원 속에서 능력을 빛나게 해 줄 고마운 습관을 하나씩 하나씩 내 것으로 만들어 갈 겁니다. 그런 아이를 기대하며 4개월 동안의 습관 익히기 프로젝트를 시작해 보세요. 좀 힘들고, 바쁘고, 귀찮을 거예요. 지금이 아니면 안 되는 일이니 지금 하는 게 맞고요, 아이에게 반드시 도움이 될 것이니 아무리 힘들어도 노력을 기울여 보았으면 합니다. 결과와 상관없이, 부모로서 내 모습을 후회하지 않을 열쇠이기 때문입니다.

이것만큼은 지켜 주세요!

1

충분한 대화를 나눈 후에 아이의 의지로 시작하게 하세요.

저학년은 공부 습관을 잡아가기에 더없이 편안하고 적당한 시기입니다. 엄마가 욕심만 내지 않는다면 말이죠. 습관을 왜 익혀야 하는지 이해하기 어려운 시기이기 때문에 거부감 없이 편안하고 안정적인 분위기에서 자연스럽게 습관이 자리 잡히게 해 주세요.

그러기 위해서는 충분한 대화가 필요합니다. 엄마의 강요로 시작된 습관은 오래 가지 못하거든요. 습관이 얼마나 중요하고 멋진 재산인지 충분히 설명한 후에 아이의 선택과 의지로 시작할 수 있도록 해 주세요.

혹시나, 아이의 마음이 열리지 않는다면 아직 때가 아닐 수도 있어요. 한두 달, 혹은 한 학기 후에 다시 한번 시도하는 것도 좋은 방법입니다. 아이가 부모님으로부터 의견을 존중받았다는 느낌을 받을 수 있기 때문에 일방적으로 급하게 시작하는 것보다 더 효과적일 수 있습니다.

2

자기 주도 공부의 준비 단계입니다.

자기 주도 공부는 어느 날 갑자기 시작되는 어떤 새로운 기술이 아니에요. 부모님의 주도 아래 매일의 공부 습관이 착실하게 잡힌 아이가 어느새 혼자 공부하는 것을 시도해 보는 과정에서 자연스럽게 시작되는 거예요.

그렇기 때문에 자기 주도 공부의 준비 단계인 저학년 시기의 매일 공부 습관은 매우 중요해요. 매일 하는 습관이 잘 잡혀 있으면 무엇을 어떻게 해야 하는지 깨닫게 되고, 그런 과정을 통해 스스로 시도해 볼 용기를 얻게 되거든요.

지금은 눈에 보이는 성적, 공부량, 진도보다 매일의 공부 습관을 만들어 가는 것에 중점을 둘 시기입니다. 이 시기에 잘 만들어진 습관은 고학년이 되어 틀림없이 그 위력을 발휘할 거예요. 공부하라고 일일이 설명하고 혼내지 않아도 뭘 해야 할지, 언제 해야 할지 결정하고 실천하는 아이로 만들어 줄 거예요.

이것만큼은 지켜 주세요!

3

습관 초기에는 **부모님이 주도**해 주세요.

저학년 시기는 아이가 주도권을 잡게 될 고학년을 준비하는 시기라고 생각하면 돼요. 저학년 때 부모님과 충분히 계획, 습관, 점검, 실천을 반복해 본 경험이 있어야 고학년 때 자연스럽게 아이가 주도권을 가지게 됩니다.

습관을 만들어 가는 초기인 저학년 때는 되도록 부모님이 주도하여 아이가 잘하는 점을 칭찬하면서 지속해 주세요. 물론, 아이가 혼자서 잘하는 경우도 있습니다. 하지만 이 경우에 오히려 충분한 격려를 받지 못하게 될 수 있으니 반드시 부모님의 관심과 지지를 더해 주어야 합니다. 알아서 척척 잘하는 아이일수록 상대적으로 칭찬과 관심을 덜 받게 되는데요, 조심할 부분입니다. 그게 얼마나 대견하고 고마운 일인지, 얼마나 아이의 미래를 기대하게 만드는지에 대해 아이에게 하나씩 설명하면서 마음을 표현해 주세요.

4

매일의 습관을 **자연스러운 대화 소재**로 **삼으세요.**

언제든 자연스럽고 유쾌하고 따뜻한 대화가 오가는 가정 분위기에서 예쁜 습관이 자리 잡힙니다. 습관은 수학 공부처럼 시간을 정하고 분량을 채우면 끝나는 것이 아니라 우리의 일상, 삶 그 자체이기 때문이지요. 그래서 아이의 습관을 잡아가는 시기에는 습관 자체가 우리 가족의 자연스러운 대화 소재가 되게 해 주세요. 이때 아이의 습관만 대화 소재가 될 필요는 없어요. 엄마의 운동 결심, 아빠의 금연 결심, 동생의 게임 시간 지키기 결심 등 가족 모두가 습관 만들기를 위해 도전하고 함께 노력하는 분위기를 만들어 보는 계기가 되었으면 좋겠어요.

오늘 아이의 습관 중 칭찬할 만한 점, 엄마가 지키기로 결심했는데 지키지 못했던 습관, 아빠가 새롭게 시작한 습관 등 가족 모두가 습관이라는 공통의 관심사를 가지고 즐겁게 습관의 탑을 쌓아 가는 분위기를 만들어 보세요. 노력 끝에 지키고 있는 습관을 칭찬하고, 아쉽게도 지속하지 못한 습관에 다시 도전하고 이를 격려해 보세요.

이렇게 활용하세요!

1 월간 페이지

★ 달력

　아이가 멋지게 나만의 월간 계획을 세워 보고 꾸며 볼 수 있는 달력 페이지입니다. 이 달의 중요한 일정(가족·친구의 생일, 좋아하는 가수의 컴백일, 나들이하는 날 등)을 쓰고 집에 있는 색연필, 사인펜, 스티커 등을 이용하여 예쁘게 꾸밀 수 있도록 도와주세요. 아이가 예쁘게 달력을 꾸미면 참 잘했다고 칭찬해 주세요!

★ 이번 달의 목표 습관

　이번 달에 만들고 싶은 습관을 스스로 정하고 만들기 위해 노력하게 해 주세요. 습관으로 정하면 좋은 예시는 아래 그림을 참고해 주세요.

이렇게 활용하세요!

2 주간 페이지

★ 이번 주의 중요한 일

  이번 주의 중요한 일정을 생각하여 한 주를 계획하고 적어 보는 공간이에요. 가족 행사, 학원 일정, 중요한 약속, 병원, 미용실 일정 등 마치 다이어리에 일정을 기록하듯 이번 주의 일정을 표시해 두고 계획 세우기에 반영하게 해 주세요. 저학년 아이는 가족의 일정, 부모님의 일정, 심지어는 본인의 일정도 잘 모르고 있는 경우가 많기 때문에 부모님께서 함께 해 주세요.

요일	어떤 일정인가요?	지켰나요?
월	삼일절 - 태극기 달기	✓
화	개학, 두근두근 새로운 학년 시작!	✓
수	언니랑 도서관 가기	✓
목	아빠랑 멍멍이 산책시키기	✓
금	수지 생일 파티★	✓
토	할아버지댁 다녀오기	✓
일	가족들과 독서, 게임하기	✓

3 일간 페이지

★ **습관 익히기를 위한 매일 활동**

아이가 매일 익히고 지키는 습관을 스스로 기록하는 공간이에요. 다섯 가지의 각 영역은 하루 틈틈이 필요할 때마다 부모님과 아이가 함께 계획하거나 점검하는 것이 가능합니다. 부모님과 함께 기록하고 점검하는 것을 기본으로 하되, 아이가 혼자 해 볼 수 있겠다고 하면 기회를 주는 것도 의미 있답니다.

① 공부

저학년 시기에 가장 중요한 건 공부보다 독서이기 때문에 공부 과목과 양을 늘리기 위해 너무 애쓰지 않아도 괜찮아요. 학교 수업을 무리 없이 따라가고 있다면 교과서 다시 읽기 정도의 복습이면 충분합니다. 따라서 시간의 여유가 생긴다면 언제나 독서에 할애하게 하세요.

저학년 시기의 매일 공부는 수학 연산(5분 정도), 교과서 읽기, 영어 영상 시청, 영어 그림책 보기, 일기 쓰기 정도면 충분합니다.

공부	과목	오늘, 무엇을 공부해 볼까요?	✓
	국어	독해 문제집 3쪽 풀기	✓
	수학	티키타카 구구단 2장 풀기	✓
	수학	오늘 배운 수학익힘책 다시 풀기	✓

② 독서

초등 독서의 목표는 명확합니다.

아이가 책을 좋아하게 만들고, 매일 읽게 만드는 것이죠. 매일 자신이 읽은 책의 제목, 분량을 기록하고 그중 가장 기억에 남거나 마음에 드는 한 줄을 찾아 기록하는 것은 독서 습관을 잡는 좋은 방법의 하나입니다. 아이가

이렇게 활용하세요!

언제 어떤 책을 얼마큼 읽었고, 어떤 문장이 가장 마음에 들었는지 책 속 한 줄을 기록할 수 있도록 해 주세요. 또는 책을 읽고 난 자기의 느낌을 간략하게 기록해 봐도 좋습니다.

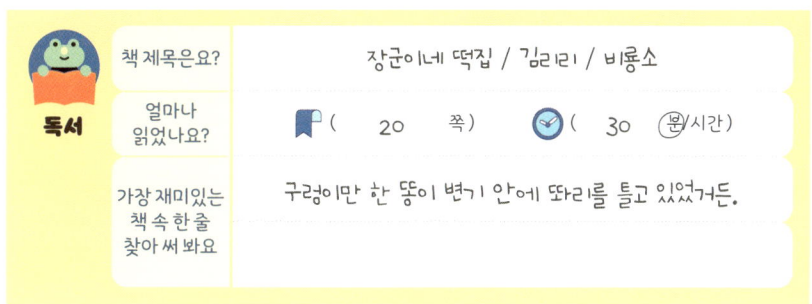

③ 쓰기

글쓰기 습관은 초등학생 때부터 들일 필요가 있는 아주 중요한 영역입니다. 따라서 이 책에서는 매일 한 가지 질문을 통해 아이들이 생각을 글로 정리하면서 창의성도 키울 수 있는 공간을 만들었습니다. 저학년 때는 주 1회 정도의 일기 혹은 자유 글쓰기 정도면 충분합니다. 또, 글쓰기 연습이 필요하다고 느낀다면 좋아하는 동화책을 공책에 따라 써 보는 정도로도 3학년부터의 본격적인 글쓰기를 준비할 수 있습니다.

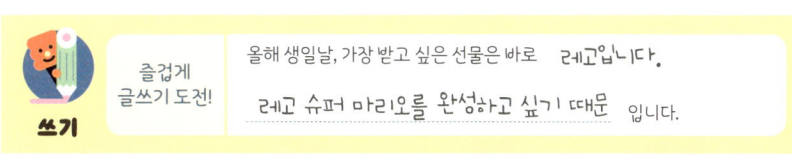

④ 생활

공부하는 아이에게 잘 잡힌 생활 습관은 꼭 필요한 무기입니다. 진짜 잘하는 아이는 적극적이고 주도적인 생활 습관을 지니고 있다는 공통점이 있습니다. 시켜서 하는 건 한계가 있기 때문이지요.

성실한 공부 습관과 공부 자발성을 만들기 위한 가장 간단하고도 필수적인 연습은 가정에서 시작됩니다. 부모님께 바르게 인사하고, 식사 준비나 정리 등의 집안일에 참여하고, 스마트폰 사용 등의 스크린 타임을 스스로 조절할 줄 아는 습관이 기본이 되어야 하죠. 아이가 적절한 시간만큼만 스마트폰을 사용하도록 시간을 함께 정하고 지도해 주세요. 또 일상생활 속에서 아이들이 쉽게 놓치는 인사, 정리, 운동도 습관이 될 수 있도록 해 주세요.

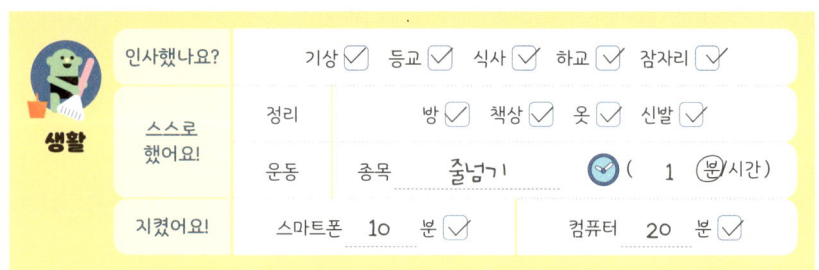

⑤ 마음

저학년 시기의 아이에게 가장 중요한 건 자신감입니다. '할 수 있어.', '재미있어.' 등의 긍정적인 생각과 감정으로 매일의 습관을 이어 가다 보면 자연스럽게 실력이 쌓이게 되거든요. 그런 의미에서 오늘의 내 모습을 칭찬하고, 오늘의 감사한 일을 찾아보는 건 정말 중요해요. 또, 긍정적이고 진취적인 성격을 형성하는 데에도 도움이 될 거예요.

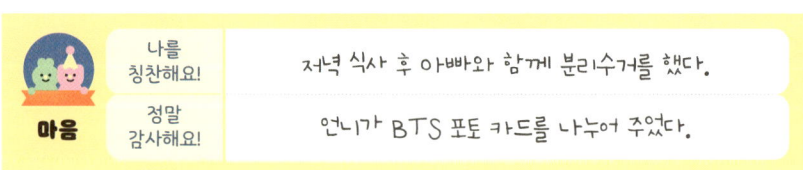

이렇게 활용하세요!

주말 미션

1단계 [체크하기]

　매일 각 영역의 습관을 완성하면 맨 아래의 점검표에 체크 표시를 할 수 있는데요. 체크 표시를 다 못 한 날도 있겠죠. 아쉽게도 그 주에 체크하지 못한 칸이 남아 있다면, 주말을 통해 채울 기회를 한 번 더 주는 제도예요. 다섯 개 영역을 모두 체크한 날은 두 개의 선물 상자를 칠할 수 있고, 이 상자가 10개 모이면 쿠폰으로 교환할 수 있습니다. 아이들에게는 상당히 매력적인 도전이 되겠지요? 매일 습관의 부족한 부분을 채울 마지막 기회를 놓치지 않도록 독려해 주세요!

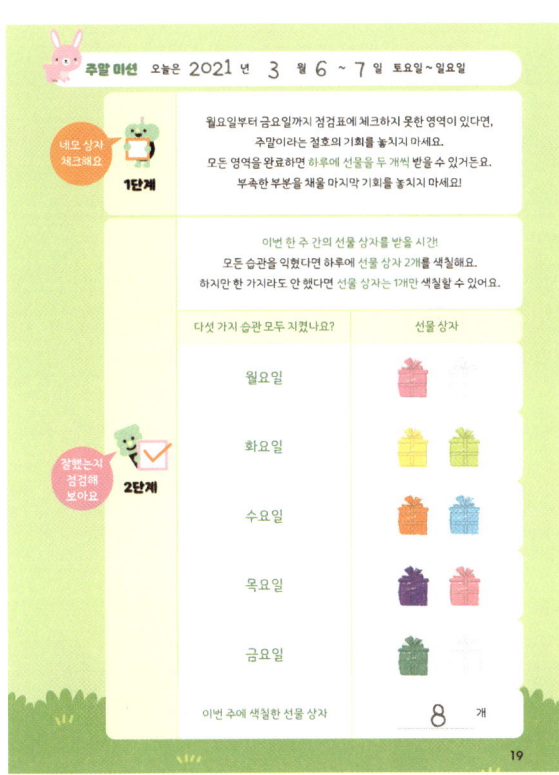
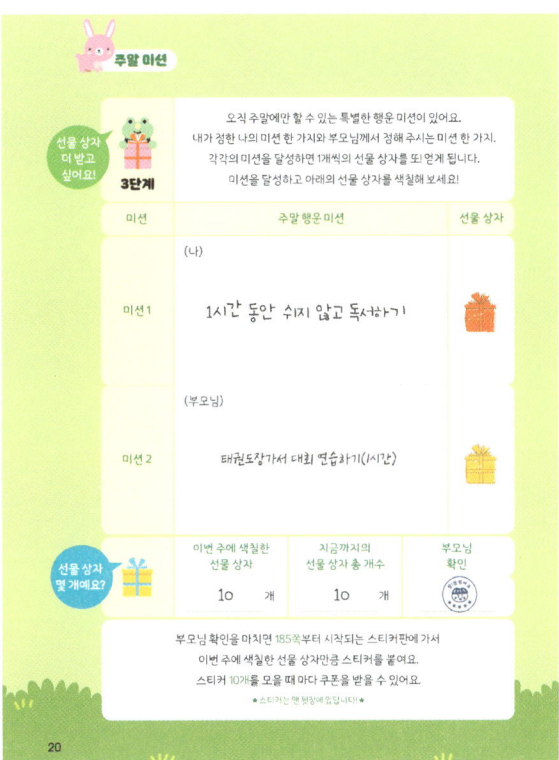

2단계 [점검하기]

　시작 단계에서는 부모님께서 점검해 주세요. 못한 것을 지적하는 시간이 아니라, 잘한 점을 찾아내고 칭찬하는 시간이 되게 해 주세요. 이 시기의 아이들은 선물을 받고 싶은 마음에 슬쩍 거짓말을 시도하기도 해요. 습관이 잡혀 가는 초반부에는 부모님께서 관심을 보이며 꼼꼼하게 점검하시고, 아이 또한 부모님이 꼼꼼히 점검하고 있다는 것을 느낄 수 있게 해 주세요.

3단계 [행운 미션]

주말만의 특별한 미션이 있고, 미션을 통해 선물 상자 스티커를 추가로 획득할 기회가 생긴답니다. 평일에 다 못 한 것을 보충하는 기회를 갖는 것과 별개로 주말에만 할 수 있는 재미있고 색다른 미션을 정해 달성해 보는 단계입니다. 아이 스스로 정하는 미션 하나와 부모님이 정해 주는 미션 하나, 총 두 개의 미션을 달성해야 합니다. 평소 아이가 해 봤으면 좋겠다고 생각되는 것을 주말 미션으로 경험하게 해 주세요. 혹여나 아이가 스스로 미션을 정했을 때, 엉뚱한 미션을 지키겠다고 법석을 부려도 괜찮아요. 스스로 정한 것을 지키기 위해 노력하고 점검하는 경험은 그 자체로 매우 긍정적인 배움이거든요.

5 스티커와 쿠폰

아이들이 색칠한 선물 상자만큼 스티커 판에 선물 스티커를 붙여 주세요. 스티커 판은 아이들 책 185페이지에, 스티커는 아이들 책 맨 뒤에 있어요. 선물 상자 스티커를 10개 모으면 쿠폰을 받을 수 있는데요, 재미있고 다양한 쿠폰이 아이들 책 190페이지부터 있으니 마음껏 활용하세요!

Q&A 들어가며

15년 동안 초등 교실에서 아이들과 보내며 가장 좋았던 건,
초등 아이들의 속마음을 깊이 알 수 있었던 것이고요,
아쉬운 점은 자녀 교육에 대한 자신감이 없어
늘 걱정하고 불안해하던 부모님들의 안타까운 모습이었어요.
모두가 부모라는 역할은 처음이니 자신 없는 것은 당연한 일이죠.
그래서 알고 준비하는 일은 중요해요.
부모가 미리 알고 머릿속에 큰 그림을 그리며 아이를 바라볼수록
그 눈에 여유와 따뜻함이 묻어나게 되거든요.

지금부터 함께 읽어 볼 이야기는
내 아이의 슬기로운 초등생활을 위해
꼭 기억해야 할 내용에 관한 질문과 대답이에요.
제가 지금껏 공유했던 책, 유튜브 영상, 오디오 클립 상담 중
저학년 부모님이 주로 궁금해하시는 내용만을
쏙쏙 골라 핵심을 정리했답니다!

아이가 스스로 계획하고 점검하며
습관을 만들어 가는 덕분에 주어진 여유,
아이의 슬기로운 초등생활을 알아 가는 일에 활용해 보세요!

슬기로운 초등생활을 위한 Q&A

1. [학교생활]
초등 교육 과정과 교과서의 구성이 궁금해요.

Q. 아이가 학교에서 뭘 배우고 있는지, 앞으로 뭘 배우게 될지 궁금해요. 초등 교육 과정은 어떻게 구성되어 있나요?

A. 초등 교육 과정이란 초등학교에서 6년간 '무엇을, 어떻게 가르칠 것인가?'에 대해 국가가 정해 놓은 틀을 말합니다. 국가 수준에서 제시하는 이 기본 틀을 기준으로 매년 지역 교육청별, 단위 학교별로 각 지역의 특성, 학교의 규모, 학교의 특색 사업 등을 반영한 학교 교육 과정을 작성하여 운영합니다. 이 교육 과정이라는 큰 틀을 가지고 학사 일정, 학교 행사, 평가 계획, 교과 운영 등의 세부안이 결정되기 때문에 담임 교사에게 학급 교육 과정 수립은 1년 중 가장 중요한 과제라 할 수 있습니다.

초등 교과의 교과서 구성

국어는《국어》와《국어 활동》, 두 권의 책을 배웁니다. 그중《국어 활동》은 국어 교과서의 워크북 개념으로 국어책에서 학습한 내용과 관련된 이야기와 보충 학습 활동이 실려 있습니다. 수학은《수학》,《수학 익힘책》두 권으로 구성되어 있고 수학책에서 배운 내용을《수학 익힘책》의 문제들로 연습해 보는 의미를 가지고 있습니다. 통합 교과라고 통칭하는《봄》,《여름》,《가을》,《겨울》교과서는 이전의《바른 생활》,《즐거운 생활》,《슬기로운 생활》교과의 주제를 중심으로 통합하여 새롭게 구성한 교과서입니다.《안전한 생활》은 창의적 체험 활동 시간에 사용하는 교과서로 일상생활과 재난 상황에서 접하게 되는 위험을 알고 안전하게 생활하는 방법으로 이루어져 있습니다.

2. [학교생활]
아이의 친구 관계, 부모가 어떻게 도울 수 있을까요?

▶ 영상 Q

Q. 싸우고, 따돌리고, 외로워하고, 불편해하며 수시로 친구 관계에 어려움을 겪는 아이를 보며 조마조마한 마음이 들어요. 부모의 역할이 어디까지인지 잘 모르겠어요. 아이의 친구 관계, 부모가 어떻게 도울 수 있을까요?

A. 친구 관계에서 오는 아이의 불만이나 어려움은 수학 문제보다 훨씬 어렵고 중대하게 느껴집니다. 학업은 바쁜 데다가 형제 관계는 줄고, 함께 놀며 부딪히다 잘 풀고 넘어갈 방법을 배울 기회 자체가 부족해진 시기 탓인지, 요즘 아이들은 친구 관계를 제일 어려워하고 작은 갈등도 참지 못하는 경우가 많습니다. 어른들도 살면서 겪는 가장 큰 어려움 중 하나가 인간관계인데, 아이들에게는 친구 관계가 오죽 힘겨울까요. 지금껏 가족 관계에서 줄곧 배려를 받아 온 입장인데, 친구들 사이에서는 반대로 배려를 실천해야 하기 때문에 더 어려울 것입니다. 아직 배려하는 방법을 잘 모르고 배워 가는 중이기 때문에 친구끼리 서로 오해와 갈등 상황에 빠지기 일쑤입니다. 아이의 친구 관계, 어떻게 바라봐야 할까요?

누가 뭐라 해도 가장 든든한 아군은 가족

아이가 친구 관계 때문에 속상해서 억울함을 토로하는 순간 필요한 것은 그 무엇도 아닌 위로입니다. 아이보다 더 감정 이입해서 분연히 전화기를 붙들어 불을 뿜어내거나 자리를 박차고 학교로 뛰쳐나가는 부모의 모습은 그 후에 아이가 친구와 갈등이 있을 때마다 문제가 더 커질세라 입을 닫아 버리는 계기가 될 수도 있습니다. 이럴 땐, "그랬구나. 너무 힘들었겠네."와 같은 말로 공감해 주고, 아이의 말을 경청하고, 마음을 알아 주며 위로하는 것이 우선입니다. 또, 자세한 대화를 통해 아이 스스로 문제를 파악하고 대처 방향과 방법을 찾아 정리해 볼 수 있도록 돕는 것도 좋은 방법입니다. 아이와 갈등을 겪는 아이의 친구는 내가 무찔러야 할 적이 아니라는 것과 내 아이는 위로가 필요한 상황에서 견뎌 낼 힘을 주는 아군이 필요하다는 점만 꼭 기억

슬기로운 초등생활을 위한 Q&A

하세요. 그러면 내 아이는 다양한 갈등 상황을 성장의 발판으로 삼아 슬기롭게 풀어 나갈 수 있을 것입니다.

힘들다고 표현할 수 있는 허용적인 가정 분위기

사랑하는 자녀의 큰 걱정거리를 부모가 가장 늦게 알게 된다면 이보다 가슴 아픈 일은 없을 것입니다. 부모 관심 밖의 사소한 아이들 일이라고 무시하거나 "너도 똑같이 잘못했으니 벌어진 일이겠지."라며 오히려 혼내는 일은 가뜩이나 친구 관계로 궁지에 몰려 버티고 있을 아이를 더 난처하고 외롭게 만드는 일입니다. 골치 아픈 일이 또 생겼나 찌푸리지 말고, 아이가 힘들 때 편히 다가올 수 있도록 언제나 열린 부모님이 되어 주세요.

담임 선생님께 도움 구하기

담임 선생님께 아이에 대해 말씀드리고 도움을 받는 것도 좋습니다. 학교와 집에서의 행동이 다른 아이들이 있습니다. 집에서는 말도 잘하고 활발하지만 학교에서는 입을 꾹 다물고 말을 하지 않는 아이들도 있습니다. 아이가 학교에서 친구들과 어떻게 지내는지 정보도 구하고, 문제가 있다면 담임 선생님과 협력하여 해결 방안을 모색해야 합니다. 선생님이 다른 친구들과 어울릴 기회를 자연스럽게 마련해 주면 의외로 친구와 금방 친해지기도 합니다.

3. [학교생활]
어떻게 하면 다른 사람의 말을 경청하는 습관을 가질 수 있을까요?

▶ 영상 Q

Q. 말은 곧잘 하는데, 잘 듣는 건 아직 부족해 보여요. 학교 수업 시간에 친구들이 발표할 때 불쑥 끼어들어 선생님께 혼난 적이 있다고 하더라고요. 경청하는 습관을 위해 가정에서 신경 써 줘야 할 점이 있을까요?

A. 안타깝게도 교실에 말 잘하는 아이들은 늘어나는 데 비해 잘 듣는 아이들은 없습니다. 내가 한 번 더 말하고 싶고, 더 많이 더 크게 말하고 싶은 친구들로 와글와글하지만 듣는 친구가 없으니 말을 해도 반응이 신통치 않습니다. 듣지 않는 아이들은 말은 잘할지 몰라도 친구와 교감하며 대화하거나 친구의 마음을 설득하는 데 서투릅니다. 친구의 말에 귀를 기울이지 않으면 둘 사이의 상황에 어떤 문제가 있는지, 더 좋은 해결책은 없는지에 대해 생각할 수가 없습니다. 아이가 교실에서 친구들과 더 행복하게 대화할 수 있도록 경청 습관을 키우는 방법을 알려 드릴게요.

엄마가 너의 말을 잘 듣고 있어.

"지혜로운 사람은 남의 말을 잘 들어야 해."라고 백 번 가르치는 것보다, 부모가 아이의 말을 잘 들어주는 모습을 한 번 보여 주는 것이 확실한 효과가 있습니다. 이때 잊지 말아야 할 것은 상대가 아이라는 사실입니다. 부모의 눈높이가 아니라 아이의 눈높이에 맞는 방법과 액션을 취해야 합니다. 설령 부모 간에는 말하지 않아도 눈빛으로 아는 것이 있다 하더라도 아이에게 같은 방법을 강요해서는 곤란합니다. 그런 것보다는 "아, 그렇구나.", "너는 그렇게 생각하는구나.", "근데, 왜 그렇게 생각하지?"와 같은 직접적인 말과 표정을 통해 부모가 내 이야기를 듣고 있다는 것을 느끼게 해 주어야 합니다.

아이가 잘 들을 때까지!

중요한 것은 아빠, 엄마의 말을 끝까지 듣는 것을 훈련 시키는 일입니다. "아빠 말 아직 안 끝났다.", "아빠 말 끝까지 들어야지!"와 같은 훈계 형식보다는, "아빠도 우리 규현이 말을 끝까지 들어줬지? 그럼 이제는 규현이가 아빠 말을 들어줘야 할 차례야. 괜찮을까?"와 같은 끝없는 설득이 필요하지요. 시간이 필요한 일입니다. 부모가 아이의 말을 잘 들어줬다고 해서 아이도 쉽게 부모의 말을 들어줄 거라 생각하면 조급해집니다. 한 번에 되지 않는다고 해서 혼내거나 포기하지 마세요. 세상을 얼마 경험하지 않은 아이니 무엇을 하든 성인보다 오랜 시간을 필요로 하는 것을 당연시 여기고 기다려야 해요.

조금만 기다려 줄래?

아이의 말을 잘 들어주기 위해 아이가 말을 걸면 그 순간 모든 대화나 행동을 중단하고 아이에게만 집중하는 부모가 많습니다. 잘 듣는 습관의 본보기를 보인다는 면에서는 언뜻 최고의 방법인 것 같지만 사실 이 습관 때문에 교실의 많은 아이들이 상처를 받습니다. 교실에서는 내가 하고 싶은 말을 꺼낸다고 해서 선생님, 친구들이 일시에 모든 행동, 말을 멈추고 들어주는 일이 없거든요. 할 말이 떠오르면 손을 들고 순서를 기다려야 하며, 친구의 말이 끝날 때까지 인내심 있게 기다려야 해요. 아이가 하고 싶은 말이 있어 불쑥 부모를 찾아도 하던 일이 있거나 대화가 끝나지 않았다면 "조금만 기다려 줄래?"라는 말로 아이의 인내심 있는 대화 습관을 만들어 주세요.

4. [학교생활]
똑 부러지게 말하는 습관을 키워 주고 싶어요.

 영상 Q

Q. 자기 표현이 적고, 말하기에 자신 없는 아이를 보면 좀 답답해요. 아이가 똑 부러지게 말하는 습관을 갖게 해 주고 싶은데, 가정에서 어떻게 도와주면 될까요?

A. 우리 아이도 말 잘하는 옆집 아이처럼, 텔레비전에 나오는 방송인들처럼 똑 부러지게 말 좀 잘했으면 싶은데 아이가 말하는 걸 듣고 있으면 답답해 속이 터질 것 같습니다. 어떻게 도와야 할까요?

울지 않고 말해요.

실제로 초등 1, 2학년 교실에는 눈물만 뚝뚝 흘리며 입을 꾹 다물고 있는 아이들이 종종 눈에 띄어요. 억울하고, 아프고, 화나고, 힘든 것을 말이 아니라 울음으로 표현하는 것이죠. 곤란한 상황을 지금까지 울음으로 해결해 왔었고, 울기만 하면 주변 어른들이 나서서 달래 주고 물어봐 주고 위로해 주었으니 해 오던 대로 계속 울고만 있는 거예요.

하지만 고학년이 될수록 자주 우는 아이들은 집중적으로 친구들의 놀림거리가 되기도 해요. 은근히 무시하고 같이 놀려고 하지 않지요. 조금만 속상하면 토라져 바로 눈물을 보이는 친구와 노는 게 영 부담스러운 것도 이해가 갑니다. 가정에서 아이가 말하고 싶은 것이 있을 때 울지 않고 상황을 설명하는 연습을 할 수 있도록 도와주세요. 부모님과 아이의 노력이 곧 교실 속 친구들과의 부드러운 관계에 단단한 바탕이 될 거예요.

핵심부터 말하는 습관

핵심을 말하지 않고 내용부터 구구절절이 설명하면 친구는 무슨 소린지 몰라서 답답해집니다. 초등 아이들은 그 긴 내용을 다 들어줄 만큼 인내심이 많지 않아요. 말할 때 중요한 것은 구구절절한 사설이 아니라 말하고자 하는 핵심입니다. 쉽게 말하되, 핵심을 전하는 대화가 습관이 되게 해 주세요. 대화에서 가장 중요한 건 듣는 사람인데요, 상대를 고려하지 않고 내 이야기만

슬기로운 초등생활을 위한 **Q&A**

오랫동안 하려고 한다면 친구들이 하나둘 자리를 떠날 수도 있어요.

　가정에서 일상적으로 논리적 말하기를 훈련했던 아이들과 그렇지 않은 아이들의 차이는 고학년이 되면 눈에 띄게 벌어집니다. 5학년 국어 시간에는 본격적인 토론 활동이 시작되는데요, 평소 논리적으로 말하고 책을 많이 읽었던 친구들이 자연스럽게 토론을 주도하고 상대를 설득해내더라고요. 아직은 저학년인 아이와 "오늘 저녁에 뭐 먹고 싶어? 엄마는 치킨이 먹고 싶은데, 다른 걸 먹고 싶으면 엄마를 설득해 봐!"라는 식의 설득적 말하기 연습부터 시작해 보세요. 아무리 좋은 내용을 전달했다 해도 상대가 공감할 수 없다면 소용이 없기 때문에 설득의 기술이 필요한 거예요. 내가 왜 이렇게 생각하는지, 상대에게 이것이 어떤 도움을 주는지에 대해 설명하도록 수시로 사고를 확장하는 질문을 던져 주세요. 이런 훈련의 횟수를 더해 갈수록 설득력이 높아질 수 밖에 없답니다.

5. [독서 습관]
만화책만 보는 아이, 괜찮을까요?

 영상 Q

Q. 한글을 더듬거리며 읽기 시작할 때부터 지금까지 계속 학습 만화만 읽는 아이, 이대로 괜찮을까요? 글 책을 권해 줘 봤지만 관심을 보이지 않고 계속 만화책만 읽으려고 해요. 언제, 어떻게 개입해서 글 책을 읽게 도울 수 있을지 궁금합니다.

A. 학습 만화만 보는 아이를 걱정하는 마음은 모든 부모가 같습니다. 실제로 정말 많은 아이들이 학습 만화에 빠져 지내고 있기도 하고요. 하지만 일단 학습 만화 자체를 너무 나쁘게 보지 말라는 말씀을 드리고 싶어요. 독서 습관이 자리 잡혀가는 과정에서 흔하게 있을 수 있는 일이며 저학년 시기까지는 크게 걱정할 필요가 없거든요.

아이의 뇌가 독서로 숙련되려면 어떤 종류의 책이든 가리지 말고 일단 충분히 읽어야 합니다. 재미가 있든 없든, 내용이 쉽든 어렵든 양적인 팽창이 중요합니다. 매일 독서를 당연하게 여기도록 해야 합니다. 말하지 않아도 매일 스스로 책을 찾아 읽는 것에서 자기 주도 학습이 시작됩니다.

물론 시간이 갈수록 재미가 덜하고 어려운 수준의 책도 읽어야 하지만 처음부터 쉽진 않습니다. 그 시기를 견뎌야 합니다. 가장 힘든 시기는 그림책에서 글 책으로 넘어가는 시기입니다. 그림책 한 권에 걸친 글 분량이 글 책에서는 한두 쪽에 다 담깁니다. 하루에 열 권도 가볍게 읽었던 그림책인데 글 책은 한 권도 겨우 읽습니다. 글 책이 힘겨운 아이들은 학습 만화로 눈을 돌립니다. 학습 만화는 그림책처럼 빠르게 읽을 수 있습니다. 그림만 보고도 이해할 수 있는 만화의 특성 때문입니다. 앞 장의 내용을 몰라도 뒷장을 읽는 데 무리가 없는 구성이라 부담도 없습니다. 아무 쪽이나 펼쳐서 읽어도 될 정도입니다.

부모가 봐도 좋아 보이는 만화책이 많습니다. 나왔다 하면 베스트셀러가 되는《놓지 마, 과학》,《그리스 로마 신화》시리즈는 재미있고 유익해 보입니다.《Why?》나《Who?》시리즈는 어려운 과학 지식과 멀게만 느껴졌던 인물을 제법 깊이 있게 다루고 있습니다. 스테디셀러 하면 빠지지 않는《마법 천

슬기로운 초등생활을 위한 **Q&A**

자문》 시리즈는 초등학생들을 한자의 세계로 인도했다는 찬사를 들을 정도입니다. 책 한 권 한 권 따져 보면 못 보게 할 이유가 없어 보입니다.

그런데도 거의 모든 독서 전문가들이 학습 만화라면 고개를 젓습니다. 이유가 있습니다. 그림책에서 글 책으로 넘어갈 때 학습 만화를 징검다리 삼는 것 정도는 괜찮습니다. 하지만 이 과정에서 많은 아이가 징검다리에 주저앉아 영영 글 책으로 넘어오지 못합니다. 그래서 학습 만화를 읽게 하되, 학습 만화를 읽는 시간은 독서 시간으로 간주하지 않기를 권합니다. 학습 만화를 즐거운 놀이이자 취미로 생각하는 겁니다. 유익한 유튜브 영상·TV 프로그램·게임과 학습 만화는 비슷합니다. 역사에 관한 유익한 영상을 보고 역사 상식이 늘었지만 독서를 했다고 하지는 않습니다. 본 것과 읽은 것은 다릅니다. 학습 만화를 본 시간은 독서 시간이라기보다 스크린 타임(인터넷 검색, 유튜브 영상 시청, 게임, 타자 연습 등 모니터 앞에서 영상물이나 그래픽 화면을 보며 보내는 시간)에 가깝습니다. 학습 만화를 스크린 타임용으로 규정하면 아이와 부모가 실랑이를 벌일 필요가 없습니다. 아이가 독서 시간이 아닌 놀 시간에 학습 만화 보는 것을 말릴 부모는 없으니까요. 매일 일정 시간만큼 글 책을 읽고 난 후에 학습 만화를 보는 방식으로 독서 규칙을 만들어 주세요.

6. [생활 습관]
초등 아이에게 용돈이 필요할까요?

▶ 영상 Q

Q.6

Q. 돈 관리를 제대로 못하는 저학년 아이인데 용돈이 필요할까요?

A. 경제와 관련하여 아이들에게 줄 수 있는 가장 중요한 경험은 '용돈'입니다. 무조건 주세요. 하지만 용돈 사용 기본 원칙을 세워 주세요. 처음 시작하는 단계에서 저학년 친구들의 용돈 주기는 매일 혹은 일주일 정도로 짧을수록 좋고요, 가족이 함께 의논하며 사용 방법을 결정해 주세요. 금액도 함께 적정선을 찾아보고 협의하여 결정하는 것이 좋습니다. 이 과정에서 아이도 용돈의 규모를 판단하는 연습을 할 수 있거든요.

용돈 사용의 원칙 세우기

반드시 지켜야 하는 것과 자율적인 것으로 구분하여 원칙을 세워 주세요. 예를 들면 기부 10%, 저축 30%, 그리고 나머지 금액에 대한 사용은 자율에 맡기는 방식입니다. 특정한 사유로 일정 금액 이상의 큰돈이 필요한 경우는 별도의 협의가 필요하겠지요. 협의 후, 가족 모두가 서명한 합의서는 냉장고 등 잘 보이는 곳에 붙여 두면 좋아요. 물론 처음부터 잘 지켜지지는 않을 거예요. 하지만 시간이 지나면서 이 규칙이 자기에게 이득이 되는 방법이라는 것을 스스로 깨달을 수 있을 때까지 용돈 제도를 유지해 주세요. 이 규칙을 정하고 바꾸는 과정에서 아이는 자기주장을 하는 방법과 토론하는 능력까지도 얻게 된답니다. 용돈 교육 초기에는 부모의 개입이 필요하지만, 부모의 기준으로 아이의 용돈 사용을 제재하는 건 절대 금물이에요. 용돈 중 자율권을 허락한 500원으로 매일 사탕 뽑기를 한다면? 괜찮습니다. 다만 그 돈을 차곡차곡 모았을 때 어떤 일이 일어나는지에 대해 설명해 줄 수는 있겠죠. 일단 용돈을 주었다면 아이가 스스로 용돈의 사용처와 범위를 정하도록 기회를 주어야 해요. 이 자율성 안에서 아이는 자신의 판단에 대한 책임과 상황에 알맞은 용돈 사용 결정 등을 자연스럽게 익힐 수 있습니다.

슬기로운 초등생활을 위한 Q&A

저축 경험하게 하기

　설날 세뱃돈, 어떻게 관리하고 계세요? 아이에게 다짜고짜 큰돈이 생기면 무조건 저축해야 한다고 강요하고 있지는 않나요? 조건 없는 강요보다는 저축해야 하는 목적을 정확하게 세우고, 성취감을 느낄 수 있도록 실천에 옮길 수 있는 길을 보여 주세요. 그냥 신나게 써 버릴 수 있는 큰 액수의 돈이 몇 년간 모이면 얼마나 대단한 목돈이 되는지를 아이와 마주 앉아 계산기를 두드리며 설명해 주세요. 미래를 준비하거나, 내가 목표하는 바를 이루기 위해 용돈을 저축하는 것이라는 거창한 설명 대신 겨우 초등생인 내가 열심히 저축한다면 이렇게 큰돈을 가질 수도 있다는 사실을 깨우치게 해 주세요. 요즘 아이들 돈 좋아하는 성향을 교육에 활용하는 거죠.

　집에서 가장 가까운 은행에 아이 명의로 통장을 개설해 주세요. 요즘은 재미있는 별명을 설정할 수 있어서 아이에게 직접 통장의 별명을 짓도록 해 보면 즐거워한답니다.

돈을 벌 기회 주기

　용돈이라는 수동적인 수입만 있을 필요가 없답니다. 아이가 집에서 하는 모든 일이 돈을 벌기 위한 수단이 되어서는 안 되지만 직접 몸을 움직여 버는 돈의 의미를 알게 하기 위해 집안일만큼 좋은 일이 없기도 합니다. 아이가 당연히 매일 해야 하는 일, 예를 들면 학교에 가고, 숙제하고, 밥을 먹고, 맡은 집안일을 하고, 하기로 했던 공부를 하는 것은 돈으로 환산될 수 없지만, 부모님 어깨 주물러 드리기, 청소기 돌리기 등 아이의 영역이 아님에도 기꺼이 할 수 있는 것들을 몇 가지 정해 힘들여 돈을 벌 수 있게 해 주세요. 힘들긴 하지만 노동의 대가로 돈을 벌 수 있다는 평범한 진리를 깨달아 가는 생생한 가르침이 된답니다.

7. [정리 습관]
정리가 안 되는 아이, 집에서 어떻게 습관을 길러 줄 수 있나요?

 오디오Q

Q. 정리하는 습관이 잡혀 있지 않아 아이의 책상과 방이 난리예요. 이래서는 학교에서 제대로 정리하고 지내는지 걱정스러워요. 학교생활에 도움이 될 만한 집에서 시작하는 매일 정리 습관, 어떤 것들이 있는지 알려 주세요.

A. 공부 잘하는 아이를 기대한다면, 오늘부터 한 가지라도 좋으니 아이 스스로 하는 정리를 시작해야 합니다. 언뜻 보면 아이의 일과 중 가장 거리가 멀게 느껴지는 게 공부와 정리이지요. 하지만 이 둘은 사실 굉장히 긴밀하게 연결되어 있거든요.

우리 뇌는 매 순간 계획을 세웁니다. 책상을 정리할 때, 설거지할 때, 영화를 보거나 여행을 갈 때도 계획을 세우고 있습니다. 일상에서 다양한 계획을 세워 본 아이가 공부 계획도 잘 세우고요, 공부할 때면 언제나 계획으로 시작하는 아이들이 결과도 다릅니다. 평범해 보이는 일상을 계획적으로 설계하는 습관을 들이려면 주변을 정리하는 연습으로 시작해 보세요. 정리하는 평범한 일상은 뇌 기능을 활성화시켜 공부를 잘하게 돕습니다. 또, 교실에서 사랑받고 칭찬받는 아이가 될 수 있는 핵심입니다.

정리를 계획하고 시도할 때 아이의 흥미, 성향을 고려하면 훨씬 효과가 있을 거예요. 말하기를 좋아한다면 계획을 설명하는 기회를 갖게 하고요, 쓰기를 좋아한다면 목록형으로 할 일들을 적어 보게 하세요. 그리기를 좋아한다면 전체 과정을 그림으로 나타내어 보는 것이 흥미롭겠죠.

아이가 매일 집에서 해 볼 만한 정리 습관 목록을 알려 드릴게요. 현재 나이, 이제까지의 경험, 아이의 성향, 흥미 등을 고려하여 하나씩 시작해 주시고요, 아이에게 목록을 보여 주고 직접 선택해 보게 하는 것도 참여를 유도하는 좋은 방법입니다.

슬기로운 초등생활을 위한 Q&A

정리 습관 목록

- ✓ 신발 정리, 신발장 정리하기
- ✓ 먹고 난 컵 헹구어 정리하기
- ✓ 책장 속 내 책 정리하기
- ✓ 내 책상 서랍 정리하기
- ✓ 내 책상 위 깨끗하게 닦고 지우개 가루 버리기
- ✓ 내 옷장에 있는 옷 정리하기
- ✓ 옷장 서랍 (속옷, 양말 등) 정리하기
- ✓ 자고 일어나면 침대 정리하기
- ✓ 욕실의 양치 도구 정리하기
- ✓ 내 장난감 가지런히 정리하기
- ✓ 가방, 모자, 우산 등 생활용품 정리하기
- ✓ 필통, 연필꽂이 정리하기
- ✓ 읽고 난 책을 책장에 정리하기
- ✓ 학교 책가방, 학원 가방 미리 챙겨 두기

8. [영어 공부]
꾸준히 영어 그림책을 읽어 주는 비결이 궁금해요.

Q. 영어 그림책을 읽어 주고 있긴 한데, 꾸준히 하기가 정말 어렵네요. 하다가 중단한 적이 정말 많아요. 이렇게 해도 괜찮은지, 매일 지속하기 위한 방법이 있다면 어떤 게 있을지 알려 주세요.

A. 영어 그림책은 어떤 책을 언제부터 얼마나, 어떤 발음과 억양으로 읽어 줘야 할까요?

매일, 조금씩, 자주

한글책을 매일 다섯 권 정도 읽어 준다면 영어책 한 권을 추가하는 정도면 충분합니다. 평일에 도저히 시간이 나지 않는다면 주말에 한 권만 읽어 주세요. 영어라는 또 하나의 언어가 있다는 사실을 알고, 자연스럽게 받아들일 수 있으면 충분합니다. 단언컨대, 단어 몇 개 더 빨리 알게 된다고 해서 아이의 영어 독서력이 엄청 빠르게 늘지는 않습니다. 하루 한 권, 혹은 하루 10분처럼 원칙을 세워 두고 그것만큼만 하세요. 오늘 기운이 넘쳐 열 권 읽고, 내일 목이 아파 못 읽어 주는 것보다 매일 5분씩 읽어 주는 것이 훨씬 좋습니다.

지루한 부분 과감히 생략하기

읽어 주다 보면 아이의 집중력이 흐트러지는 순간이 올 수 있어요. 한글책은 내용을 이해하기 때문에 다음 내용이 궁금하고 기다려지는데요, 영어책은 아직 그 단계가 아니기 때문에 당연한 모습입니다. 좋아하는 동물이 사라져 버린 페이지, 이야기가 진행되지 않고 라임이 반복되는 페이지, 글밥이 유난히 많은 페이지, 그림이 없어서 전혀 이해되지 않는 페이지 등 아이의 집중력을 빼앗는 부분은 과감하게 뛰어넘어도 괜찮습니다. 좋아하는 페이지만 반복해서 읽어 달라고 해도 괜찮습니다. 엄마의 지겨움이 관건이겠지만요.

되도록 천천히 음미할 시간 주기

한글책도 그렇지만 영어책은 더욱 급하게 읽을 필요가 없습니다. 그래서 몇 권을 읽어 주었는지는 크게 중요하지 않습니다. 애써 그 속도를 늦추는 것도 좋습니다. 느릿느릿 읽으면서 아이가 영어를 듣고 보는 시간 동안 많은 생각을 할 수 있게, 그 안에서 뛰어놀 수 있게 해야 합니다. 몸이 피곤해 빨리 읽어 주고 쉬고 싶다면 한 권 전체를 다 읽기보다는 두 페이지만 읽더라도 천천히 음미할 시간을 주는 것이 훨씬 좋습니다.

원하는 만큼 반복하기

전집 중에서도 꼭 좋아하는 한 권에 꽂혀 그것만 읽어 달라고 하는 경우가 있지요. 축하할 일입니다. 그 책을 계단 삼아 다음 단계로 가는 준비를 하는 중이거든요. 그 한 권 중에서도 유난히 특정 페이지만 반복해서 읽어 달라고 하기도 할 거예요. 한 권을 끝까지 읽어 주고 싶은 마음에 책장을 넘기려는 엄마와 여전히 그 페이지에 머물고 싶은 아이의 신경전이 벌어질 수도 있어요. 하지만 아이가 원하는 만큼 반복하는 것이 최고의 방법입니다.

다시는 안 보려는 책을 억지로 처음부터 끝까지 읽힐 필요도 없습니다. 계속 한 권만 들고 오는 아이를 불안하게 바라볼 필요도 없습니다. 그 책을 좋아하고 계속 보고 싶어하는 그 마음을 알아 주고 격려해 주세요.

9. [영어 공부]

영어 영상 선택하는 기준은 무엇인가요?

Q. 영어 영상을 통해 영어 듣기 실력을 쌓아 가야 한다고 들었습니다. 찾아보니 영어 영상의 종류와 수준이 너무 다양해서 어떤 영상을 선택해야 할지 막막한 마음이 들어요. 영어 영상을 선택하는 기준이 있을까요?

A. 영어로 영상을 틀어 줘야 한다는 이야기를 들으면 뭘 틀어 줘야 할지 고민되고, 의미를 이해하지 못할 게 뻔한데 그래도 계속 틀어 줘야 하나 의심스러울 거예요. 불안하고 급한 마음은 모두 비슷합니다. 문법책을 달달 외우며 영어 시험을 준비하던 우리 부모 세대의 영어 공부법과 너무 다르므로 낯설 수밖에 없어요.

그렇지만 참 쉽고 재미있어서 해 볼 만한 공부법인 것은 확실합니다. 익숙한 습관으로 만들기가 만만치 않지만, 한번 습관으로 만들고 나면 영어 듣기는 해결될 거고요, 자연스럽게 영어 독서로도 연결될 거예요. 어떤 영상을 보여 주는 게 좋을지 고민되고, 아직 마땅히 알고 있는 영상이 없거나 혹은 너무 많아서 고르기 힘들다면 아래의 기준을 참고하세요. 물론, 얼마 지나지 않아 우리 아이만의, 또 우리 집만의 선택 기준이 생겨날 거예요.

캐릭터를 공략하세요.

유튜브나 텔레비전 등에서 한글 영상을 볼 때 유독 아이가 열광하는 캐릭터가 있었을 거예요. 저희 아이들 어렸을 땐 경찰차 폴리가 최고였어요. 폴리만 보여 주면 정신없이 빠져들었는데요, 그 사랑이 영어 영상으로 이어졌습니다. 아이들이 좋아하는 캐릭터가 등장하는 만화가 영어로 속속 만들어지고 있습니다. 게다가 유튜브에서 무료로 이용할 수 있고요. 아마도 영어권 시청자를 위해 제작된 영상인 듯한데, 덕분에 저희 아이들은 덕을 크게 보았습니다. 아이가 좋아하는 캐릭터를 영어 버전의 영상으로 찾아 보여 주세요. 내용을 잘 알고 있고 캐릭터가 친근하므로 훨씬 덜 부담스럽습니다.

슬기로운 초등생활을 위한 Q&A

아이의 취향이 가장 중요해요.

어떤 영상이 대박이더라, 어떤 책이 대박이더라, 하는 이야기를 들을 때마다 솔깃해지는 건 당연하지요. 우리 아이도 그 영상을 보고 대박이 나서 귀가 뻥 뚫렸으면 하는 마음이 듭니다. 하지만 아무리 그래도 아이가 고개를 돌려 버리면 그만입니다. 아이의 취향에 맞는 재미있는 영상이어야 한국어의 도움 없이 영어로 지속할 수 있어요.

아이의 취향은 무시하고 남들이 좋다는 영상만 골라 틀어 주고 강요하면 이 습관은 오래 지속되기 힘들 거예요. 아이가 고른 영상이 비교육적인 것만 아니라면 존중해 주세요. 우리 아이는 자기만의 취향과 방식으로 본인의 대박 영상을 찾아갈 것입니다. 그때까지 기다려 주세요.

일일이 알아보고 선택하기 어렵다면 유료 프로그램을 활용하세요.

바쁜 부모의 경우 유튜브와 텔레비전에서 일일이 적당한 영상을 골라 주고 아이의 취향을 찾아 주는 과정이 부담일 수 있습니다. 저도 직장맘일 때는 그게 힘에 부쳐 1년간 유료 프로그램(리틀 팍스)을 활용했었고요, 덕분에 중단하지 않고 이어갈 수 있었습니다. 영어 교육용 프로그램도 있고, 가족을 대상으로 하는 IPTV, 넷플릭스 등의 유료 영상 프로그램에서 교육용으로 활용할 만한 것도 있으니 금액, 가정 상황 등에 맞춰 선택하세요.

10. [국어 공부] 가정에서 국어사전 활용하는 법이 궁금해요.

Q. 아이는 국어사전 찾는 법을 모르지만 집에서 미리 익혀 두면 좋을 것 같아요. 놀이처럼 재미있게 시작하고 활용하는 방법이 궁금해요.

A. 초등 저학년은 국어사전을 처음 접하고 배우는 시기이자 종이 국어사전을 사용하는 거의 유일한 시기입니다. 중학생 혹은 초등 고학년만 되어도 꾀가 난 아이들이 스마트폰 어플이나 전자사전으로 한글, 영어 단어의 뜻을 찾아보려 하거든요. 국어사전은 새로운 단어의 의미를 알기 위해 찾아보는 게 보통이지만 가정에서 똑똑하게 활용하고 싶다면 어휘를 확장하여 글쓰기까지 연결하는 교재의 일종으로 생각하고 적극적으로 활용해 보세요. 가정에서 할 만한 재미있는 국어사전 활용법 몇 가지를 알려 드립니다.

누가 빨리 찾나 (국어사전으로 낱말 뜻 찾기)

교실에서 국어사전 활용법을 배우고 나면 자주 하는 놀이입니다. 한 명씩 번갈아 가며 단어 하나를 외치면 사전에서 그 단어를 빨리 찾는 사람이 이기는 방식이에요. 수업 시간에 교사가 주도하여 함께 하고 나면 쉬는 시간에 아이들끼리 모여 이 놀이를 하기도 하더라고요. 집에서 가족과도 충분히 할 수 있는 놀이인데요. 집에는 보통 사전이 한 권밖에 없기 때문에 동시에 찾기보다 교대로 한 사람씩 찾되, 찾는 데 걸린 시간을 측정하는 방식으로 변형할 수 있습니다.

국어사전 만들기

잘 모르는 단어를 만나면 국어사전을 찾아보게 되는데요. 사전을 찾아서 알게 된 단어를 모아 나만의 국어사전을 만들 수 있어요. 쓰고, 그리고, 접고, 오리는 활동이기 때문에 상대적으로 여자아이에게 인기 있는 편이지만 조건 없이 마음껏 만들어 볼 수 있는 분위기가 조성된다면 남자아이도 어렵지 않게 해 볼 수 있어요. 국어사전의 이름을 내 마음대로 정할 수 있고 내가 좋아하는 단어들만으로 채울 수 있어 오랫동안 간직할 만한 자랑거리가 되어 줍니다.

슬기로운 초등생활을 위한 Q&A

속뜻 듣고 맞히기

문제를 내는 사람이 사전을 들고 단어 하나를 골라 뜻을 읽어 주면 그 뜻을 가진 단어가 무엇인지를 맞히는 놀이로, 수수께끼와 비슷합니다. 비슷한 의미를 가진 여러 가지 단어를 떠올리면서 가장 정확한 의미의 단어로 좁혀가는 과정이기에 의미 있는 어휘 공부가 될 수 있습니다.

사전을 들고 있는 사람이 '이 단어는 무엇일까요?' 하면서 단어의 속뜻 부분만 읽어 주고 나머지 가족이 정답을 맞히는 거예요. 초등 아이들이 좋아하는 수수께끼, 퀴즈와 비슷한 느낌이 들어 언뜻 딱딱해 보이는 국어사전을 친근하게 느낄 수 있답니다.

아는 단어 표시하기

초등용 국어사전을 한 권 구비했다면 너무 고이 아껴 쓰지 마세요. 딱딱한 케이스는 늘 벗겨 두고요, 아는 단어를 찾아서 형광펜으로 표시하는 것도 재미있고 의미 있습니다. 내가 어떤 단어를 아는지 자랑할 수도 있고, 또 형광펜으로 표시한 단어의 위, 아래, 옆에 있는 생소하고 어려운 단어에도 자연스럽게 노출이 되기 때문에 매우 효과적이랍니다. 이때, 너무 진한 색의 형광펜은 사전의 얇은 종이를 망가뜨릴 수 있으니 연한 색의 색연필 정도면 좋습니다.

11. [글쓰기]
본격적인 글쓰기, 언제부터 시작하면 될까요?

 영상 Q

Q. 1학년 때부터 숙제로 일기, 독서록을 쓰는 중이긴 한데 본격적인 글쓰기는 언제부터 시작하면 좋을까요? 우리 아이만 늦은 건 아닌지 불안한 마음이 들어요.

A. 3학년 이전의 아이에게 글쓰기는 놀이이거나 글씨 연습, 맞춤법 연습 정도였으면 합니다. 벌써 아이 생각을 담은 글을 강요하고 논리적인 글을 기대하면 이후의 글쓰기 교육에서 실패 확률이 높아질 수밖에 없거든요. 글 쓴 것을 우연히 보았는데 아이의 생각이 잘 담겨 있고 글쓰기에 재능이 보이더라도 부추기지 마세요. 글쓰기에 재미를 느낀 아이를 좌절하게 하지 마세요.

우리나라의 초등 교육은 뭐든 너무 빨라요.

백번 양보해서 이해하려고 해 봐도 심각합니다. 정신을 차릴 수가 없어요. 그렇게 허겁지겁 빨리 가서 기필코 뭐가 되느냐 하면 딱히 그런 것도 아니에요. 그냥 일단 뛰고 보는 거예요. 다들 뛰니까요. 출근길 전철 환승 구간에서 누구 한 명이 뛰면 다 같이 뛰어요. 저도 막 따라 뛰어 본 적이 있는데요, 맨 먼저 뛰기 시작했던 사람이 화장실로 쑥 들어가더라고요. 물론 뛴 덕분에 가까스로 전철에 올라탄 경우도 분명히 있었어요. 하지만 어느 경우든 제가 뛴 이유는 사람들이 먼저 뛰었기 때문이었지요. 때마다 전철이 올 것 같은 느낌에 계속 따라 뛸 수는 없습니다.

글쓰기도 그래요.

조금 더 빨리 시작하고 더 긴 글, 더 논리적인 글을 써내는 것보다 중요한 건 '꾸준하고 단단하게 생각하는 힘을 기르고 있는지'입니다. 생각하는 근육이 단단해지고 자기만의 생각이 생기면 그 생각이 자연스럽게 말과 글로 표현되는 거예요. 저는 그 시기를 초등 3학년이라 생각합니다.

아이의 생각은 그 실체가 보이지 않기 때문에 부모를 불안하게 해요. 보이지 않기 때문에 생각이 없다, 생각이 짧다, 생각하지 않는가보다 단정 지어 버리고는 눈에 보이는 결과물을 당장 보고 싶어 해요. 말로 꺼내는 결과물을 보고 싶어 스피치 학원이나 토론 수업에 보내고, 글로 만든 결과물을 보고

슬기로운 초등생활을 위한 **Q&A**

싫어 글쓰기 학원, 논술 수업에 보내죠.

초등 저학년이라면 그림일기 서너 줄 쓰기, 아무거나 낙서해 보기, 좋아하는 책 속 한 문장 옮겨 적는 독서 기록 쓰기 정도면 딱 좋은 시기예요. 책을 읽고 책 속의 주인공이 했던 행동에 대해 어떻게 생각하는지 서론, 본론, 결론에 맞추어 쓰고 왜 그렇게 생각하는지 근거를 찾아 쓰는 건 너무 벅찬 일이에요. 어려우니까 싫어지는 거예요.

글쓰기의 즐거움, 글쓰기에서 얻는 성취감을 쌓아 가던 아이가 본인 생각이 담긴 글을 본격적으로 쓰기에 적당한 시기는 3학년입니다. 빠르면 2학년도 가능하고, 늦은 친구는 4, 5학년까지 기다려야 하기도 해요. 가끔이지만 1학년 때부터 자기 생각을 곧잘 쓰는 아이도 있어요. 그 아이는 타고난 언어 지능이 유달리 높은 경우이고요, 우리 아이는 그런 아이가 아닐 확률이 높아요.

아이가 5, 6학년이 되었을 때 쓸 수 있는 글의 깊이와 수준은 언제 시작했느냐, 어떤 수업을 받았느냐보다 6년이라는 짧지 않은 시간 동안 독서를 통해 얼마나 생각 근육을 단단히 만들었느냐, 얼마나 꾸준히 써 왔느냐에 의해 결정됩니다.

그래서 일찍부터 여러 가지를 시켰던 고학년 엄마들은 오히려 속상해합니다. 더 잘하라고 돈 들여서 좋다는 거 많이 시켰는데 지금 와서 보니 별반 차이가 없어 보여 허무하다고요. 이럴 거면 그 돈으로 떡 사 먹을 걸 그랬다고요. 네, 그러니 나중에 아쉬워하지 말고, 지금 그 돈으로 미리 떡 사 드시고 아이에게는 학년에 맞는 글쓰기를 하게 해 주세요.

맺음말

자녀 교육서의 저자로, 교육 영상과 오디오 콘텐츠의 크리에이터로, 부모 교육 강연가로 지내 온 지난 몇 해 동안 가장 많이 들었던 질문은 이렇습니다.

"지난 3개월 동안 (혹은 6개월) 하루도 빠짐없이 매일 했는데, 왜 발전하는 모습이 보이지 않을까요?"

이 정도면 잘하게 될 때도 된 것 같은데 멈추어 서 있는 것 같은 아이의 모습에 많은 부모가 힘이 빠지고 포기하고 싶어집니다. '더는 못 하겠어.'라는 마음을 먹지만 막상 포기하는 것도 쉬운 일은 아닙니다. 이제껏 들인 시간과 정성이 아까워 속상하고, 자기 나름대로 따라와 주는 아이에게 미안한 마음이 들기도 하고, 이제 와 다른 방법을 찾아보자니 마땅치도 탐탁지도 않습니다. 이러지도 저러지도 못하여 말 그대로 진퇴양난인 채로 어려움을 겪고 계신 거지요.

교실에서 어머님들을 뵙던 초등 담임 시절에도 이런 내용의 상담은 자주 경험했습니다. 시킨다고 열심히 시켰는데 아이 친구들의 빠른 속도와 실력에 아이도 엄마도 주눅이 든다며 넌지시 학급 아이들의 성적과 내 아이의 석차를 궁금해하셨습니다. 이 책을 펼쳐 아이의 습관 익히기를 시작하겠다고 결심한 부모님이라면 이미 겪었던 어려움일 거예요. 또, 아직 시도해 본 경험이 없다면 이제 곧 겪게 될 일이기도 합니다. 부모니까 가지는 자연스러운 감정과 반응이니 아이를 비교하고 경쟁하는 마음을 자책할 필요는 없습니다. (그래도 이왕이면 덜 하면 좋겠습니다.)

습관이 자리 잡혀 눈에 보이는 결실로 나타나는 데에는 적어도 1년 이상의 시간이 걸린다는 점을 기억해 주세요. 빨라야 1년입니다. 넉넉히는 3년입니다. 3년 잡고 시작하면 아이가 대견해 보이고, 느려서 속 터지게 만들던 아이도 기특하고 사랑스러워 보입니다. 습관 익힘책 속의 내용을 틈틈이 채우는 일을 매일 1년간 지속한다는 건 실로 엄청난 일이거든요.

굳은 각오로 시작하지만, 이 책과 함께 4개월간 습관을 익히면서 정체기를 만나게 될 거예요. 습관을 만들어 주기 위해 아이와 부모 모두 노력했지만, 눈에 띄는 결과가 보이지 않고 습관마저 시들해질 때가 오는 거지요. 이 정체기를 덤덤하게 바라봐 주세요. 열심히 노력했다는 증거이기 때문이거든요. 가만히 생각해 보세요. 아무 노력도 하지 않던 사람이 요즘 슬럼프가 와서 힘들다고 말하는 법은 없습니다. 한동안 멈춘 것처럼 보이는 아이의 모습을 성장의 증거로 생각하고 며칠, 몇 주간의 슬럼프를 덤덤히 넘겨 주세요. 그러고 나서 다시 습관을 지속해 가면 됩니다.

'아이와 매일 습관을 만들어 공부하기 시작한 지 1년 정도 되니 이제 아이가 훌쩍 성장한 것이 느껴져요. 도저히 기미가 보이지 않던 아이였는데 어느 날부터인가 갑자기 실력이 눈에 보이기 시작하네요.'라는 벅찬 후기를 듣고 있습니다. 제가 가르치고 길렀던 아이들만의 특별한 이야기가 아니라 누구든 꾸준히 시도한다면 성공할 수 있음을 확인했고 함께 기뻐하고 있습니다. 이 성공 사례의 주인공이 우리 아이가 되었으면 좋겠습니다. 매일 습관을 만들고 그대로 하다 보니 알아서도 척척 하는 아이가 되었더라, 꾸준히 하다 보니 성적과 실력도 결국 나타나더라는 이야기를 전해 주세요. 기다리겠습니다.

아이를 믿고 기다리는 일, 이것 말고 부모인 우리가 더 할 수 있는 일이 있긴 할까요?

진심을 담아 응원합니다.
이은경 드림

『초등 자기주도 공부법』 이은경, 이성종 | 한빛라이프

『초등 완성 매일 영어책 읽기 습관』 이은경 | 비에이블

『초등 6년이 아이의 인생을 결정한다』 이은경 외 2명 | 가나출판사

『초등 매일 습관의 힘』 이은경, 노정미, 명대성, 박미경, 송현진 저 외 10명 | 황금부엉이